QUI EST QUI ?

Dictionnaire des pseudonymes

PAR MIGUEL RUIZ

© 2020, Miguel Ruiz

Edition : Books on Demand,
12/14 rond-Point des Champs-Elysées, 75008 Paris
Impression : BoD - Books on Demand, Norderstedt, Allemagne
ISBN : 9782322205240
Dépôt légal : Février 2020

A. (Dominique) - musicien
    Dominique *Ané*
A.D.G. - écrivain
    Alain *Fournier*
Abad de Santillan (Diego) - militant anarchiste
    Sinesio Baudilio *García Fernández*
Abaddon – musicien (Venom)
    Anthony *Bray*
Abbé de St-Cyran - religieux
    Jean-Ambroise *Duvergier de Hauranne*
Abbé Pierre - religieux
    Henri Antoine *Grouès*
Abd-Al-Malik - musicien
    Régis *Fayette-Mikano*
Abdul-Jabbar (Kareem) – basketteur
    Ferdinand Lewis *Alcindor* Jr.
Abdul-Wahad (Tarik) – basketteur
    Olivier *St-Jean*
Abellio (Raymond) - écrivain
    Georges *Soulès*
Abril (Victoria) - actrice
    Victoria *Merida Rojas*
Ace (Johnny) - chanteur
    John Marshall *Alexander* Jr.
Ad Rock – chanteur (Beastie Boys)
    Adam *Horowitz*
Adamov (Arthur) - écrivain
    Arthur *Adamian*
Adanowsky - musicien
    Adan *Jodorowsky*
Adele - chanteuse
    Adele Laurie Blue *Adkins*

Adjovi-Boco (Jimmy) - footballeur
    Jean-Marc *Adjovi-Boco*
Adonis (Joe) - gangster
    Giuseppe *Doto*
Adorée (Renée) - actrice
    Jeanne *de La Fonte*
Adriano - footballeur
    Adriano *Leite Ribeiro*
Advert (Gaye) – musicienne (The Adverts)
    Gaye *Black*
Aerosol (Jef) - peintre
    Jean-François *Perroy*
Afric Simone – chanteur
    Henrique *Simone*
Afrika Bambaataa – DJ
    Lance *Taylor*
Agar (Mlle) – comédienne
    Marie Léonide *Charvin*
Agnès (Mademoiselle) – journaliste de mode
    Agnès *Boulard*
Agnès B. – créatrice de mode
    Agnès *Troublé*
Aguigui (Mouna) – clochard philosophe
    André *Dupont*
Ahbez (Eden) - musicien
    George Alexander *Aberle*
Aimable - musicien
    Aimable *Pluchard*
Aimée (Anouk) - actrice
    Nicole *Dreyfus*
Ajar (Emile) - écrivain
    Roman *Kacew*
Akhenaton – rappeur (IAM)
    Philippe *Fragione*
Al Mansour – calife
    Muhammad *Ibn Abu Amir*
Alain - écrivain
    Emile-Auguste *Chartier*
Alain-Fournier - écrivain
    Henri-Alban *Fournier*
Alamo (Frank) - chanteur
    Jean-François *Grandin*
Albert le Grand - occultiste
    Albrecht *Von Bollstädt*

Albrecht (Bernard) – musicien (Joy Division)
: Bernard *Dicken*

Alexis – agent artistique
: Alexis *Quinlin*

Alexis - dessinateur
: Dominique *Vallet*

Alfie - parolière
: Alfreda *Benge*

Ali (Mohammed) - boxeur
: Cassius *Clay*

Ali le Chimique – dignitaire irakien
: Ali Hassan *Al-Majid*

Alister - musicien
: Christophe *Ernault*

Alizée – chanteuse
: Alizée *Lyonnet* (née *Jacotey*)

Allan (Steve) - musicien
: Abel *Meeropol*

Allen (Daevid) – musicien (Gong)
: Christopher David *Allen*

Allen (Woody) - cinéaste
: Allan Stewart *Koenigsberg*

Allin (G. G.) - musicien
: Kevin Michael *Allin*

Almanzor (Lucette) - danseuse
: Lucie Georgette *Almansor*

Almereyda (Miguel) - anarchiste
: Eugène-Bonaventure Jean-Baptiste *Vigo*

Altmann (Klaus) – policier nazi
: Klaus *Barbie*

Alvina (Anicée) - actrice
: Anicée *Shahmanesh*

Al-Zarkaoui (Abou Moussab) - terroriste
: Ahmad Fadil Nazzal *Al-Khalayleh*

Amadou (& Mariam) – chanteur
: Amadou *Bagayoko*

Amadou (Jean) – écrivain
: Marius *Amadou*

Amancio - footballeur
: Amancio *Amaro Varela*

Amara (Fadela) – femme politique
: Fatiha *Amara*

Ameche (Don) - acteur
: Dominic Felix *Amici*

Amir – chanteur
: Amir *Haddad*

Ammar (Abou) – homme politique
: Yasser *Arafat*

Amont (Marcel) – chanteur
: Marcel Jean-Pierre Balthazar *Miramon*

Anakata - informaticien
: Per Gottfried *Svartholm Warg*

Anastacia – chanteuse
: Anastacia Lyn *Newkirk*

Anastasia (Albert) - gangster
: Umberto *Anastasio*

Anderson (Sonny) - footballeur
: Anderson *da Silva*

Andrade (Jaime de) - écrivain
: Francisco *Franco*

Andre 3000 – musicien (Outkast)
: Andre *Benjamin*

Andrews (Julie) - actrice
: Julia Elizabeth *Wells*

Andrex - chanteur
: André *Jaubert*

Anémone - actrice
: Anne *Bourguignon*

Angèle - chanteuse
: Angèle Joséphine Aimée *Van Laeken*

Angeli (Eve) – chanteuse
: Vanessa Annelyse Eve *Garcin*

Angeli (Pier) - actrice
: Anna-Maria *Pierangeli*

Anger (Kenneth) - cinéaste
: Kenneth Wilbur *Anglemeyer*

Angie – muse
: Mary Angela *Barnett*

Aniston (Jennifer) – actrice
: Jennifer *Anastasakis*

Annabella - actrice
: Suzanne Georgette *Charpentier*

Anne – animatrice télé
: Anne *Meson-Poliakof*

Ann-Margret - actrice
: Ann-Margret *Ollsson*

Ant (Adam) – musicien (Adam & the Ants)
: Stuart *Goddard*

Antennae Jimmy Semens – musicien (Captain
            Beefheart & The Magic Band)
    Jeffrey *Cotton*
Anthony (Richard) - chanteur
    Ricardo *Btesh*
Antoine - chanteur
    Antoine *Muraccioli*
Antonelli (Laura) – actrice
    Laura *Antonaz*
Antony (& the Johnsons) - chanteur
    Anthony *Hegarty*
Apolinaire (Guillaume) - poète
    Wilhelm *Apollinaris de Kostrowitsky*
Ar Braz (Dan) – chanteur
    Daniel *Le Bras*
Arafat (Yasser) – homme politique
    Mohammed Abdel Raouf *Arafat*
        Al-Qudwa Al-Husseini
Aragon (Louis) - écrivain
    Louis *Andrieux*
Arbuckle (Fatty) – acteur
    Roscoe Conkling *Arbuckle*
Arcady (Alexandre) - cinéaste
    Arcady *Brachlianoff*
Arden (Don) – manager musical
    Harold *Levy*
Arena (Maurizio) - acteur
    Maurizio *Di Lorenzo*
Arena (Tina) – chanteuse
    Filippina Lydia *Arena*
Areski – musicien
    Areski *Belkacem*
Argento (Asia) – actrice
    Aria *Argento*
Ari Up – musicienne (The Slits)
    Ariane Daniela *Forster*
Arkan - militaire
    Obilic Zeljko *Raznatovic*
Arletty - actrice
    Léonie *Bathiat*
Arman - peintre
    Armand Pierre *Fernandez*
Armand (E.) – militant libertaire
    Ernest-Lucien *Juin*

Armelle – actrice
    Armelle *Lesniak-Hourlier*
Armstrong (Lance) – cycliste
    Lance Edward *Gunderson*
Arnaud (Michèle) - chanteuse
    Micheline *Carré*
Arno - chanteur
    Arno *Hintjens*
Arnold (PP) - chanteur
    Patricia Ann *Cole*
Arnoul (Françoise) – actrice
    Françoise Annette Marie *Gautsch*
Arp (Jean) – sculpteur
    Hans *Arp*
Arsan (Emanuelle) – romancière
    Marayat *Rollet-Andriane (née Bibidh)*
Arson – musicien (The Hives)
    Niklas *Almqvist*
Art Mengo – chanteur
    Michel *Armengot*
Artemisia - peintre
    Artemisia *Gentileschi*
Arthur – animateur télé
    Jacques *Essebag*
Arthur (Jean) - actrice
    Gladys Georgianna *Greene*
Artof Popof – artiste peintre
    Alexis *Ginzburg*
Asahara (Shoko) - criminel
    Chizuo *Matsumoto*
Astaire (Fred) – acteur
    Frédéric *Austerlitz*
Atatürk – homme politique
    Mustafa *Kemal Pacha*
Attia (Jo) - gangster
    Joseph Brahim *Attia*
Aubameyang (Pierre-Emerick) - footballeur
    Pierre-Emerick *Aubame*
Auber (Brigitte) – actrice
    Marie-Claire *Cahen de Labzac*
Aubrac (Lucie) – résistante
    Lucie *Samuel* (née *Bernard)*
Aubrac (Raymond) – résistant
    Raymond *Samuel*

Aubret (Isabelle) - chanteuse
　　　Thérèse *Coquerelle*
Aubry (Cécile) - écrivain
　　　Anne-Josée *Benard*
Auclair (Michel) - acteur
　　　Vladimir *Vujovic*
Audran (Stéphane) - actrice
　　　Colette Suzanne Jeannine *Dacheville*
Audret (Pascale) – actrice
　　　Pascale *Auffray*
Aufray (Hugues) - chanteur
　　　Hugues Jean Marie *Auffray*
Aumont (Jean-Pierre & Tina) – acteurs
　　　Jean-Pierre Philippe & Marie-Christine
　　　　　　　　　　Salomons
Aury (Dominique) - écrivain
　　　Anne Cécile *Desclos*
Aveline (Claude) – écrivain
　　　Eugen *Avtsine*
Averroes - philosophe
　　　Abu Al-Walid *Ibn Ruchid*
Avery (Tex) - cinéaste
　　　Frederick Bean *Avery*
Avicenne – médecin
　　　Abû Ali *Al-Hosayn Ibn Sînâ*
Avicii – disc jockey
　　　Tim *Bergling*
Avril (Jane) – danseuse
　　　Jeanne Louise *Biais* (née *Beaudon*)
Ayo – chanteuse
　　　Joy Olasunmibo *Ogunmakin*
Aziz (Tarek) – homme politique
　　　Tarek Hanna Mikhaïl *Issa*
Aznavour (Charles) - chanteur
　　　Shahnour Varenagh *Aznavurjian*
Azuquita – chanteur
　　　Luis *Argumedes Rodriguez*

Baargeld (Johannes) - écrivain
    Alfred Emmanuel Ferdinand *Gruenwald*
Baarova (Lida) - actrice
    Ludmila *Babkova*
Babette - actrice
    Elisabeth-Odette-Olympe *Etienne*
Babeuf (Gracchus) - révolutionnaire
    François Noël *Babeuf*
Baby Doc - dictateur
    Jean-Claude *Duvalier*
Bacall (Lauren) - actrice
    Betty Joan *Perske*
Backderf (Derf) – dessinateur
    John *Backderf*
Bacon (Francis) – musicien (Magma)
    Francis *Moze*
Baker (Ginger) – musicien (Cream)
    Peter Edward *Baker*
Baker (Josephine) - chanteuse
    Freda Josephine *Mc Donald*
Baker (Mickey) - musicien
    McHouston Michael *Baker*
Balance (John) - musicien
    Geoffrey Lawrence *Rushton*
Balasko (Josiane) - actrice
    Josiane *Balaskovic*
Balin (Marty) – musicien (Jefferson Airplane)
    Martyn Jerel *Buchwald*
Balin (Mireille) – actrice
    Blanche *Balin*
Balthus - peintre
    Balthazar *Klossowski de Rola*

Balutin (Jacques) – acteur
William *Buenos*
Balzac (Honoré de) – écrivain
Honoré *Balssa*
Bambi – meneuse de revue
Marie-Pier *Ysser*
Bambou - chanteuse
Caroline *Paulus*
Bananas (Joe) - gangster
Giuseppe *Bonanno*
Bance Jeune – éditeur
Charles *Bance*
Bancroft (Anne) - actrice
Anna-Maria *Italiano*
Banderas (Antonio) – acteur
José Antonio *Dominguez Banderas*
Bangs (Lester) - écrivain
Leslie *Bangs*
Banksy – street artiste
Robin *Gunningham*
Banon (Tristane) - journaliste
Anne-Caroline *Banon*
Bara (Theda) – actrice
Theodosia Burr *Goodman*
Barbara - chanteuse
Monique Andrée *Serf*
Barbe Noire – musicien (Little Bob Story)
Dominique *Lelan*
Barbieri (Gato) - musicien
Leandro *Barbieri*
Barclay (Eddy) - producteur de musique
Edouard *Ruault*
Barger (Sonny) – hell's angel
Ralph Hubert *Barger*
Barjot (Frigide) – militante religieuse
Virginie *Tellenne* (née *Merle*)
Barney (Phil) – musicien
Philippe *Baranès*
Baron (Michel) – comédien
Michel *Boyron*
Barras – homme politique
Paul *de Barras*
Barrett (Syd) – musicien (Pink Floyd)
Roger Keith *Barrett*

Barrière (Alain) - chanteur
   Louis *Bellec*
Barry (John) – compositeur
   John Barry *Prendergast*
Barrymore (Ethel, John & Lionel) – acteurs
   Ethel, John & Ethel *Blyth*
Bartabas – metteur en scène
   Clément *Marty*
Barzotti (Claude) – chanteur
   Francesco *Barzotti*
Baselitz (Georg) - peintre
   Hans Georg *Kern*
Bataille (Pascal) – animateur télé
   Pascal *Bataille de Baget*
Bators (Stiv) – chanteur (Dead Boys)
   Steven John *Bator*
Batskin – militant politique
   Serge *Ayoub*
Baulieu (Etienne-Emile) - médecin
   Etienne-Emile *Blum*
Baur (Harry) - acteur
   Henri-Marie Rodolphe *Baur*
Bayard - militaire
   Pierre *du Terrail*
Bayon - écrivain
   Bruno *Taravant*
Bazin (Hervé) – écrivain
   Jean-Pierre *Hervé-Bazin*
Bean (Mr.) - acteur
   Rowan *Atkinson*
Béart (Guy) - chanteur
   Guy *Béhart-Hasson*
Beaulieu (Ricky) – musicien
   Hugo *Beaulieu*
Beaumarchais - écrivain
   Pierre-Augustin *Caron de Beaumarchais*
Bécaud (Gilbert) - chanteur
   François Gilbert Léopold *Silly*
Beck - musicien
   Bek David *Campbell*
Beck (Jeff) – musicien (Yardbirds)
   Geoffrey Arnold *Beck*
Bega (Lou) – chanteur
   David *Loubega*

Béjart (Maurice) – chorégraphe
   Maurice-Jean *Berger*
Bel Air (Jenny) – physionomiste du Palace
   Alain *Sepho*
Bell (Marie) - actrice
   Marie-Jeanne *Bellon*
Bellay (Jérôme) – journaliste
   Dominique *Quenin*
Ben – plasticien
   Benjamin *Vautier*
Ben Glabros (Gepetto) – musicien (Au Bonheur des Dames)
   Pierre *Rigaud*
Ben l'Oncle Soul – chanteur
   Benjamin *Duterde*
Ben Yahweh (Yaweh) - criminel
   Hulon *Mitchell*
Benabar - chanteur
   Bruno *Nicolini*
Benatar (Pat) – chanteuse
   Patricia Mae *Andrzejewski*
Bender (Ariel) – musicien (Mott The Hopple)
   Luther *Grosvenor*
Ben-Gourion (David) – homme politique
   David *Grün*
Bennett (Tony) - chanteur
   Anthony Domenick *Benedetto*
Benoit Blue Boy – chanteur
   Benoît *Billot*
Benoit XVI - religieux
   Josef Aloïs *Ratzinger*
Bent (Amel) - chanteuse
   Amel *Ben Bachir*
Béranger (Macha) – animatrice radio
   Michèle *Riond*
Berenger (Tom) – acteur
   Thomas Michael *Moore*
Berger (Helmut) - acteur
   Helmut *Steinberger*
Berger (Michel) - chanteur
   Michel *Hamburger*
Berlin (Irving) - compositeur
   Israël Isidore *Baline*
Bernard (Tristan) - écrivain
   Paul *Bernard*

Bernhardt (Sarah) – actrice de théâtre
	Henriette Rosine *Bernard*
Berri (Claude) – cineaste
	Claude *Langmann*
Berrichon (Paterne) – poète
	Pierre-Eugène *Dufour*
Berry (Chuck) - musicien
	Charles Edward Anderson *Berry*
Berry (Jules) - acteur
	Marie Louis Jules *Paufichet*
Berry (Richard) - acteur
	Richard *Benguigui*
Bert Camenbert – musicien (Gong)
	Daevid *Allen*
Berzine (Ian) – militaire
	Peteris *Kuzis*
Besnehart (Dominique) – producteur de cinéma
	Dominique *Besnard*
Besson (Patrick) – écrivain
	Patrick *Horvat*
Bétove – compositeur
	Michel Maurice *Lévy*
Beyoncé - chanteuse
	Beyoncé Gisele *Knowles*
Bézu – chanteur
	André *Bézu*
Biafra (Jello) – chanteur (Dead Kennedys)
	Eric *Boucher*
Bibi-la-Purée - vagabond
	André-Joseph *Salis*
Bidault (Georges) – homme politique
	Georges *Augustin*
Bidermann (Maurice) – industriel
	Maurice *Zylberberg*
Big Bopper (The) - chanteur
	Jiles Perry *Richardson* Jr.
Big Figure (The) – musicien (Dr. Feelgood)
	John *Martin*
Big Flo (& Oli) – rappeur
	Florian *Ordoñez*
Big Youth - DJ
	Manley *Buchanan*
Bill (Monsieur) - criminel
	Georges *Rapin*

Billy The Kid – hors-la-loi
    William Henry *McCarty* III (ou William H. Booney)
Bird (Ronnie) - chanteur
    Ronald *Méhu*
Biscuit - anarchiste
    Charles *Simon*
Björk - chanteuse
    Björk *Gundmundsdöttir*
Black - chanteur
    Colin *Vearncombe*
Black (Cilla) - chanteuse
    Priscilla *White*
Black (Jet) – musicien (The Stranglers)
    Brian John *Duffy*
Black (Jimmy Carl) – musicien (The Mothers Of Invention)
    James *Inkanish* Jr.
Black (Frank) – musicien (Pixies)
    Charles Michael Kittridge *Thompson* IV
Blaise (Pierre) - acteur
    Pierre-Marc *Blaise*
Blake (Perry) – chanteur
    Kieran *Gorman*
Blanc (Eric) – humoriste
    Eric *Degbegni*
Blanchar (Pierre) - acteur
    Gustave Pierre *Blanchard*
Blanchard - chanteur
    Gérard *Blanchard*
Bland (Bobby) - chanteur
    Robert Calvin *Brooks*
Blasphemer – musicien (Mayhem)
    Rune *Eriksen*
Blasquiz (Klaus) – chanteur (Magma)
    Claude Raymond *Blasquiz*
Blémont (Emile) – poète
    Léon-Emile *Petitdidier*
Blind Boy Fuller - musicien
    Fulton *Allen*
Blind Lemon Jefferson - musicien
    Lemon Henry *Jefferson*
Blitz (Johnny) - musicien (Dead Boys)
    John *Madansky*

Bloch (Jean-Richard) - écrivain
   Jean *Bloch*
Blondo (Lucky) – chanteur
   Gérard *Blondiot*
Blondy (Alpha) – chanteur
   Seydou *Kone*
Bloomdido Bad de Grass – musicien (Gong)
   Didier *Malherbe*
Bloy (Léon) - écrivain
   Marie Joseph Caïn *Marchenoir*
Blunt (James) – chanteur
   James *Hillier-Blount*
Blutch – dessinateur
   Christian *Hincker*
Boccace - écrivain
   Giovanni *Boccaccio*
Boccador – architecte
   Domenico Bernabei *da Cortona*
Bogarde (Dirk) - acteur
   Derek Jules Gaspard Ulric Niven *Van Den Bogaerde*
Bogert (Tim) – musicien (Cactus)
   John Voorkis *Bogert* III
Boileau - écrivain
   Nicolas *Despréaux*
Boissard (Maurice) – écrivain
   Paul *Léautaud*
Boîteux de Carthagène (Le) – militant politique
   Antonio *Martin*
Bojan – footballeur
   Bojan *Krkik Perez*
Bolan (Marc) – musicien (T. Rex)
   Mark *Feld*
Bolender (Dan) – humoriste
   Stéphane *Bolender*
Bompard (Alexandre) – chef d'entreprise
   Alexandre *Joubert-Bompard*
Bonehead – musicien (Oasis)
   Paul *Arthurs*
Bonfire (Mars) – musicien (Steppenwolf)
   Dennis *Edmonton*
Bonne Maman - spirite
   Rufina *Noeggerath*
Bonnie (Delaney &) – musicienne
   Bonnie *Bramlett*

Bono – chanteur (U2)
    Paul *Hewson*
Bono (Sonny) - chanteur
    Salvatore Philipp *Bono*
Bonset (I.K.) – peintre
    Théo *Van Doesburg*
Bonzo – musicien (Led Zeppelin)
    John *Bonham*
Booba - rappeur
    Elie *Yaffa*
Booder – humoriste
    Mohammed *Benyamna*
Boon (Danny) - humoriste
    Daniel *Hamidou*
Boris (Cleet) – chanteur (L'Affaire Louis Trio)
    Hubert *Mounier*
Bosch (Jérôme) - peintre
    Hieronymus *Van Aken*
Botticelli (Sandro) - peintre
    Alessandro *di Mariano di Vanni Filipepi*
Bouchitey (Patrick) – acteur
    Patrick Jean-Marie *Bouchitté*
Boudard (Alphonse) - écrivain
    Pierre Michel *Boudon*
Bouddha (Le) – sage/philosophe
    Siddharta *Gautama*
Bouderbala (Comte de) - humoriste
    Samy *Ameziane*
Bouginier – peintre
    Henri Marcellin Auguste *Bougenier*
Boulogne (Christian Aaron) - photographe
    Ari *Boulogne*
Boulos – journaliste
    Paul *Ristelhueber*
Boumediene (Houari) - homme politique
    Mohamed Ben Brahim *Boukharouba*
Bourgeaud (Gilbert) – mercenaire
    Robert *Denard*
Bourgoin (Louise) - actrice
    Ariane *Bourgoin*
Bourreau de Béthune (Le) - catcheur
    Freddy *Moreau*
Bourseiller (Christophe) - écrivain
    Christophe *Gintzburger-Kinsbourg*

Bourvil - acteur
    André *Raimbourg*
Bove (Emmanuel) - écrivain
    Emmanuel *Bobovnikoff*
Bové (José) – militant alter-mondialiste
    Joseph *Bové*
Bowie (David) - musicien
    David *Jones*
Boy George – chanteur (Culture Club)
    George Alan *O' Dowd*
Boyer (Lucienne) - chanteuse
    Emilienne-Henriette *Boyer*
Boz – musicien (King Crimson)
    Raymond *Burrell*
Brachetti (Arturo) – prestidigitateur
    Lorenzo *Brachetti*
Brady (Ian) – criminel
    Ian Duncan *Stewart*
Brandao - footballeur
    Evaeverson *Lemos da Silva*
Brandon (Michael) – acteur
    Michael *Feldman*
Brandt (Bill) - photographe
    Hermann Wilhelm *Brandt*
Brandt (Willy) – homme politique
    Herbert Ernst Karl *Frahm*
Brant (Mike) - chanteur
    Moshe *Brand*
Brantalou (Rita) – musicien (Au Bonheur des Dames)
    Jacques *Pradel*
Brassaï - photographe
    Gyula *Halasz*
Brasseur (Pierre & Claude) - acteurs
    Pierre & Claude *Espinasse*
Breivik (Anders) – terroriste
    Fjotolf *Hansen*
Brennus (Charles) – dirigeant sportif
    Brennus Ambiorix *Crosnier*
Brigneau (François) - écrivain
    Emmanuel *Allot*
Brik (Lili) - sculptrice
    Elisabeth Iourevna *Kagan*
Brillant (Dany) - chanteur
    Daniel *Cohen*

Brilleaux (Lee) – chanteur (Dr. Feelgood)
    Lee *Collinson*
Brinvilliers (Marquise de) - criminelle
    Marie-Madeleine *d'Aubray*
Brion (Françoise) – actrice
    Françoise Alicia Rose *German de Ribon*
Brisset (Christine) – militante humanitaire
    Antoinette *Brisset*
Bronson (Charles) – acteur
    Charles Dennis *Buchinsky*
Brooks (Lala) – chanteuse (The Crystals)
    Dolores *Brooks*
Brooks (Mel) - acteur
    Melvin *Kaminsky*
Broonzy (Big Bill) - musicien
    William Lee Conley *Broonzy*
Brown (Arthur) – chanteur
    Arthur *Wilton*
Browning (Tod) – cinéaste
    Charles Albert *Browning* Jr.
Bruant (Aristide) - chanteur
    Armand *Bruand*
Bruce (Jack) – musicien (Cream)
    John Symon Asher *Bruce*
Bruce (Lenny) - humoriste
    Leonard Alfred *Schneider*
Bruel (Patrick) - chanteur
    Patrick Maurice *Benguigui*
Brunius (Jacques) – acteur
    Jacques Henri *Cottance*
Brunner (Pascal) – animateur télé
    Pascal *François*
Bruno (Giordano) - philosophe
    Filippo *di Nola*
Brynner (Yul) – acteur
    Yul Tadje *Khan*
Buchalter (Lepke) - gangster
    Louis *Buchalter*
Buck Dharma – musician (Blue Öyster Cult)
    Donald *Roeser*
Buckley (Jeff) - musicien
    Scott *Moorehead*
Budgie - musicien (Siouxsie & the Banshees)
    Peter *Clarke*

Buffalo Bill – chasseur de bisons
William Frederick *Cody*
Buffo – psychologue
Howard *Butten*
Buffon - naturaliste
George-Louis *Leclerc*
Bugsy (Stomy) – rappeur
Gilles *Duarte*
Bundy (Ted) – tueur en série
Theodore Robert *Cowell*
Bürger (William) – journaliste
Théophile *Thoré*
Burgess (Anthony) – écrivain
John Burgess *Wilson*
Burnett (T-Bone) - musicien
Joseph Henry *Burnett*
Burning Spear – musicien
Winston *Rodney*
Burton (Richard) - acteur
Richard *Jenkins*
Butler (Geezer) – musicien (Black Sabbath)
Terence *Butler*
Buzy – chanteuse
Marie-Claire *Girod*
Byron (Lord) - poète
George Gordon *Byron*

C. K. (Louis) – humoriste
    Louis *Szekely*
Cabaner (Ernest) - compositeur
    Jean *de Cabanes*
Cabeza de Vaca - explorateur
    Alvaro *Nuñez*
Cabot (Susan) - actrice
    Harriet *Shapiro*
Cabu - dessinateur
    Jean *Cabut*
Cacau - footballeur
    Claudemir Jeronimo *Barretto*
Cacharel (Jean) – chef d'entreprise
    Jean *Bousquet*
Cadet Roussele - révolutionnaire
    Guillaume-Joseph *Roussel*
Cafu – footballeur
    Marcos *Evangelista de Moraes*
Cage (Nicolas) - acteur
    Nicholas Kim *Coppola*
Cagliostro - aventurier
    Joseph *Balsamo*
Cahun (Claude) - photographe
    Lucy *Schwob*
Caillou (Jean) – dessinateur
    Théophile *Steinlen*
Caine (Michael) - acteur
    Maurice *Micklewhite*
Calamity Jane - aventurière
    Martha Jane *Canary*
Cale (J.J.) - musicien
    John Weldon *Cale*

Calet (Henri) - écrivain
    Raymond-Théodore *Barthelmess*
Cali - chanteur
    Bruno *Caliciuri*
California (Randy) – musicien (Spirit)
    Randy *Wolfe*
Caligula - empereur
    Caius Caesar *Germanicus*
Callas (Maria) - cantatrice
    Maria *Kalogeropoulos*
Calogero – chanteur
    Calogero *Maurici*
Calvi (Yves) - journaliste
    Yves Gérard *Krettly*
Calvin - religieux
    Jean *Cauvin*
Camara (Titi) - footballeur
    Aboubacar Sidiki *Camara*
Camarron de la Isla – chanteur
    Jorge *Monje Cruz*
Cami - humoriste
    Pierre Louis Adrien Charles Henry *Cami*
Camille – chanteuse
    Camille *Dalmais*
Canaletto - peintre
    Giovanni Antonio *Canal*
Candido (Maria) – chanteuse
    Simone *Marius*
Cantinflas - acteur
    Mario *Moreno Reyes*
Cantrelli (Tjay) – musicien (Love)
    John *Barberis*
Cao-Cao – acteur
    Jonathan *Kos-Read*
Capa (Robert) - photographe
    Endre Emö *Friedmann*
Capello (Maître) – animateur télé
    Jacques *Capelovici*
Capeo (Claudio) – chanteur
    Claudio *Ruccolo*
Caplan (Jil) – chanteuse
    Valentine *Caplan*
Capote (Truman) – écrivain
    Truman Streckfus *Persons*

24

Captain Beefheart - musicien
    Donald *Van Vliet*
Captain Cap' - personnage de roman et homme politique
    Albert *Caperon*
Captain Sensible – musicien (Damned)
    Raymond *Burns*
Captain V2 – musicien (Taxi Girl)
    Laurent *Bielher*
Capucine - actrice
    Germaine *Lefèbvre*
Carali - dessinateur
    Paul *Karali*
Caran d'Ache - dessinateur
    Emmanuel *Poiré*
Carax (Leos) - cinéaste
    Alexandre *Dupont*
Carbone (& Spirito) - gangster
    Venture *Carbone*
Carco (Francis) - écrivain
    François *Carcopino-Tusoli*
Cardinale (Claudia) – actrice
    Claude Joséphine Rose *Cardinale*
Carel (Roger) – acteur
    Roger *Bancherel*
Carette (Julien) - acteur
    Victor *Julien*
Carlos - terroriste
    Ilitch *Ramirez Sanchez*
Carlos (Wendy) – musicien(ne)
    Walter *Carlos*
Carlos - chanteur
    Jean-Chrysostome *Dolto*
Carlos Alberto – footballeur
    Carlos Alberto *Torres*
Carol (Martine) - actrice
    Maryse *Mourer*
Carolus-Duran - peintre
    Charles Emile Auguste *Durand*
Carr (Eric) – musicien (Kiss)
    Paul Charles *Caravello*
Carrel (Dany) – actrice
    Yvonne *Chazelles du Chaxel*
Carrere (Claude) – auteur/compositeur
    Claude *Ayot*

Carrère d'Encausse (Hélène) – écrivain
    Hélène *Carrère* (née *Zourabichvili*)
Carrière (Anne-Marie) – actrice
    Anne-Marie *Blanquart-Brilman*
Carroll (Lewis) - écrivain
    Charles Lutwidge *Dodgson*
Carson (Kit) - militaire
    Christopher Houston *Carson*
Carter (Chris) - musicien (Throbbing Gristle)
    Christopher *Severin*
Carton (Pauline) - actrice
    Pauline *Biarez*
Cartouche - bandit
    Louis-Dominique *Garthausen*
Casal (Luz) – chanteuse
    Maria de la Luz *Casal Paz*
Casares (Maria) – actrice
    Maria *Quiroga*
Cascadeur - musicien
    Alexandre *Longo*
Cash (Tabatha) – actrice
    Céline *Barbe*
Casimir-Périer – homme politique
    Casimir-Pierre *Périer*
Casque d'Or - prostituée
    Amélie *Hélie*
Cassel (Jean-Pierre & Vincent) - acteurs
    Jean-Pierre & Vincent *Crochon*
Cassidy (Butch) – hors-la-loi
    Robert Le Roy *Parker*
Castaneda (Carlos) - écrivain
    Carlos *Arana*
Castaneda (Movita) - actrice
    Maria Luisa *Casteñada*
Castel (Robert) – acteur
    Robert *Moyal*
Castellane (Boni de) - dandy
    Boniface *de Castellane*
Castelot (André) – historien
    André *Storms*
Castelot (Jacques) – acteur
    Jacques Marie Paul Eloi *Storms*
Cat Power - chanteuse
    Chan *Marshall*

Catherine (La Grande) – tsarine
    Sophie Frédérique Augusta *d'Anhalt-Zebst*
Caton – écrivain
    André *Bercoff*
Catwoman (Sue) – icône punk
    Soo *Lucas*
Caudry (Anne) – actrice
    Anne-Marie-Louise-Jehanne *Bernanos*
Cauet - animateur
    Sébastien *Cauet*
Cavalier (Alain) - cinéaste
    Alain *Fraissé*
Cavour - homme politique
    Camillo *Benzo*
Cayla-Legrand (Adrien) – acteur
    Adrien *Cayla*
Caza – dessinateur
    Philippe *Cazaumayou*
Ceara (Marcos) - footballeur
    Marcos Venancio *de Albuquerque*
Ceaucescu (Elena) – femme politique
    Letuna *Ceaucescu*
Celan (Paul) – poète
    Paul Pessach *Antschel*
Célarié (Clémentine) – actrice
    Myriem *Célarié*
Céline (Louis-Ferdinand) - écrivain
    Louis Ferdinand Auguste *Destouches*
Celler (Claude) - chanteur
    Claude *Vorilhon*
Cellier (Caroline) – actrice
    Monique *Cellier*
Cendrars (Blaise) - écrivain
    Frédéric *Sauser*
Cerdan (Marcel) – boxeur
    Marcellin *Cerdan*
Cervenka (Exene) – chanteuse (X)
    Christene *Edge*
César - sculpteur
    César *Baldaccini*
Cevert (François) – coureur automobile
    François *Goldenberg*
Ceylac (Catherine) – journaliste télé
    Catherine Pauline France *Cognet*

Chaban-Delmas (Jacques) – homme politique
    Jacques *Delmas*
Chagall (Marc) – peintre
    Moïshe Zakharovich *Shagalov*
Chalais (François) - journaliste
    François-Charles *Bauer*
Chamfort - écrivain
    Sébastien-Roch *Nicolas*
Chamfort (Alain) - chanteur
    Alain *Le Govic*
Chamisso (Adelbert Von) – poète
    Louis-Charles Adélaïde *de Chamissot de Boncourt*
Champfleury – écrivain
    Jules-François Félix *Husson*
Chan (Jackie) – acteur
    Chen *Gangsheng*
Chance (James) - musicien
    James *Siegfried*
Chancel (Jacques) - journaliste
    Joseph André *Crampes*
Chandler (Chas) – musicien (The Animals)
    Brian *Chandler*
Chanel (Coco) – créatrice de mode
    Gabrielle *Chanel*
Chao (Manu) – musicien
    Jose-Manuel Thomas Arthur *Chao*
Charb - dessinateur
    Stéphane *Charbonnier*
Charden (Stone &) - chanteuse
    Jacques *Puissant*
Chardonne (Jacques) - écrivain
    Jacques *Boutelleau*
Charisse (Cyd) - actrice
    Tulla Elice *Finklea*
Charles (& Johnny) - chanteur
    Charles *Trenet*
Charles (Ray) - musicien
    Raymond Charles *Robinson*
Charli XCX – chanteuse
    Charlotte Emma *Aitchison*
Charly (& Lulu) - animateur
    Charly *Nestor*
Chatel (Philippe) - musicien
    Philippe *de Chateleux*

Chattam (Maxime) – écrivain
    Maxime *Drouot*
Chaval - dessinateur
    Yvan Francis *Le Louarn*
Chavette (Eugène) – écrivain
    Eugène Charlemagne *Vachette*
Che Guevara – révolutionnaire
    Ernesto *Guevara de La Serna*
Checker (Chubby) - chanteur
    Ernest *Evans*
Chenal (Pierre) – cinéaste
    Philippe *Cohen*
Cher - chanteuse
    Bonnie Jo *Mason*
Cheryl (Karen) - chanteuse
    Isabelle *Morizet*
Chesnais (Patrick) – acteur
    Patrick *Chénais*
Chess (Léonard & Philip) – producteurs de musique
    Léonard & Philip *Czyz*
Chestov (Léon) – écrivain
    Yehuda Leyd *Schwartzmann*
Cheval (Le Facteur) – artiste sculpteur
    Ferdinand *Cheval*
Chez (Heinz) – militant révolutionnaire
    Georg Michael *Welzel*
Chicharito - footballeur
    Javier *Hernandez*
Chico – acteur
    Patrick *Mille*
Chim - photographe
    David *Seymour*
Chirac (Bernadette) – femme politique
    Bernadette *Chodron de Courcelles*
Chocolat - clown
    Rafael *Padilla*
Choron (Professeur) – humoriste
    Georges *Bernier*
Christian-Jaque - cinéaste
    Christian-Albert-François *Maudet*
Christine (and the Queens) - chanteuse
    Héloïse *Letissier*
Christo - artiste contemporain
    Christo Vladimirov *Javachev*

Christophe - chanteur
    Daniel Georges Jacques *Bevilacqua*
Christophe - dessinateur
    Georges *Colomb*
Chrome (Cheetah) – musicien (The Dead Boys)
    Eugene *O'Connor*
Chubby (Popa) – chanteur
    Theodore *Horowitz*
Cicinho - footballeur
    Cicero Joao *de Cézare*
Cinq-Mars – favori
    Henri *Coeffier de Rugé*
Clair (Cyrielle) - actrice
    Cyrielle Claire *Besnard*
Clair (René) - cinéaste
    René *Chomette*
Clapton (Eric) - musicien
    Eric Patrick *Clapp*
Clarika – chanteuse
    Claire *Keszei*
Claude (Mme) - proxénète
    Fernande *Grudet*
Clay (Philippe) – chanteur
    Philippe *Mathevet*
Clayderman (Richard) – chanteur
    Philippe *Pages*
Clément d'Antibes - supporter
    Clément *Tomasziewski*
Clerc (Julien) - chanteur
    Paul-Alain Auguste *Leclerc*
Cliff (Jimmy) - chanteur
    James *Chambers*
Cline (Patsy) - chanteuse
    Virginia Patterson *Hensley*
Clinton (Bill) – homme politique
    William Jefferson *Blythe* III
Cloots (Anacharsis) – homme politique
    Jean-Baptiste *Cloots*
Coccinelle – artiste de cabaret
    Jacqueline (Jacques) - Charlotte
        (Charles) *Dufresnoy*
Cocker (Joe) - chanteur
    John Robert *Cocker*
Coco - dessinatrice
    Corinne *Rey*

Codreanu (Cornéliu) – homme politique
    Kornélius *Ziélinski*
Cœur de Pirate - chanteuse
    Béatrice *Martin*
Cohen (Mickey) – gangster
    Meyer Harris *Cohen*
Colbert (Claudette) - actrice
    Claudette Lily *Chauchouin*
Cole (Nat King) - chanteur
    Nathaniel Adams *Coles*
Colette - écrivain
    Sidonie *Gabrielle*
Collins (Albert) – musicien
    Albert Eugene *Drewery*
Collins (Bootsy) – musicien
    William Earl *Collins*
Colon (Jenny) - actrice de théâtre
    Marguerite *Colon*
Coluche - humoriste
    Michel Gérard *Colucci*
Commandant Carlos – militant politique
    Vittorio *Vidali*
Commandant Zéro – militant politique
    Eden *Pastora*
Commerson - écrivain
    Jean-Louis Auguste *Commerson*
Companeez (Nina) – cinéaste
    Nina *Kompaneitzeff*
Compay Segundo - chanteur
    Maximo Francisco *Repilado Muñoz*
Condorcet - philosophe
    Marie Jean Antoine Nicolas *de Caritat*
Confucius - philosophe
    Kong-Fou-Tseu
Connery (Sean) - acteur
    Thomas *Connery*
Connors (Mike) – acteur
    Krekor *Ohanian*
Conrad (Joseph) - écrivain
    Josef Konrad *Korzeniowski*
Constant (Benjamin) – écrivain
    Benjamin Henri *Constant de Rebecque*
Constantin (Michel) - acteur
    Constantin *Hokloff*

Contreras (Carlos) – militant politique
: Vittorio *Vidali*
Cooder (Ry) - musicien
: Ryland Peter *Cooder*
Coolus (Romain) – écrivain
: René-Max *Weill*
Cooper (Alice) - chanteur
: Vincent Damon *Furnier*
Cooper (Gary) - acteur
: Frank James *Cooper*
Copernic (Nicolas) – astronome
: Nikolaj *Kopernik*
Copi – dessinateur
: Raul *Damonte*
Copperfield (David) – prestidigitateur
: David Seth *Kotkin*
Coppula (Fred) – cineaste
: Frédéric *Goureau*
Coquelin aîné – comédien
: Constant *Coquelin*
Coquelin cadet – comédien
: Ernest *Coquelin*
Corbier – chanteur
: Alain *Roux*
Corbière (Tristan) - poète
: Edouard-Joachim *Corbière*
Corday (Charlotte) – criminel
: Charlotte *de Corday d'Armont*
Cording (Henry) - musicien
: Henri *Salvador*
Cordy (Annie) - chanteuse
: Léonie Juliana *Cooreman*
Corel (Olivier) - religieux
: Abdel Ilat *Al-Dandachi*
Corinne – musicienne (Lili Drop)
: Körin *Ternovtseff*
Corinne – musicienne (Téléphone)
: Corinne *Marienneau*
Corneille – chanteur
: Cornélius *Nyungura*
Cornelie - amie de Robespierre
: Marie-Eléonore *Duplay*
Cornélius Agrippa – occultiste
: Agrippa *de Nettesheim*

Corti (Philippe) – DJ
　　Joseph Philippe *Corticchiato*
Corvo (Baron) - écrivain
　　Frederick *Rolfe*
Cosey Fanni Tutti – musicienne (Throbbing Gristle)
　　Christine Carol *Newby*
Costa-Gavras – cineaste
　　Kostantinos *Gavras*
Costello (Elvis) - musicien
　　Declan *McManus*
Costello (Frank) - gangster
　　Francesco *Castiglia*
Costello (Lou) – acteur
　　Louis Francis *Cristillo*
Coty (François) – industriel
　　François *Spoturno*
Cougar (John) - musicien
　　John *Mellencamp*
Count Basie - musicien
　　William *Basie*
Count Grischnak – musicien (Burzum)
　　Kristian *Vikernes*
Country Joe (& The Fish) - chanteur
　　Joseph Allen *McDonald*
County (Jayne-Wayne) – chanteur(se)
　　Venoy Wayne *Rogers*
Courbet (Julien) - animateur
　　Frédéric René *Courbet*
Courrière (Yves) – écrivain
　　Gérard *Bon*
Courteline (Georges) - écrivain
　　Georges *Moineaux*
Cousin (Murielle) - journaliste
　　Murielle *Zeïtoun*
Coutellier (Mimi) – actrice
　　Dany *Coutellier*
Couture (Charlélie) - musicien
　　Bertrand *Couture*
Cowl (Darry) - acteur
　　André *Darricau*
Coxsone (Sir) – producteur de musique
　　Clement *Dodd*
Coyote (Peter) - acteur
　　Rachmil Pinchus *Ben Mosha Cohon*

Crapoussin (Mitrophane) - écrivain
    Georges *Fourest*
Crash (Darby) - chanteur (The Germs)
    Jan Paul *Beahm*
Cravan (Arthur) – poète
    Fabian Avenarius *Lloyd*
Cravenne (Georges) – producteur de cinéma
    Joseph-Raoul *Cohen*
Crawford (Joan) - actrice
    Lucille Fay *LeSueur*
Creamcheese (Suzy) – personnage musical
    Pamela *Zarubica*
Crimes (Tory) – musicien (The Clash)
    Terry *Chimes*
Crisp (Quentin) - écrivain
    Dennis *Pratt*
Criss (Peter) – musicien (Kiss)
    George Peter John *Criscuola*
Crocus Behemoth – musicien
    David *Thomas*
Cronos - musicien (Venom)
    Conrad *Lan*
Crosby (Bing) – acteur
    Harris Lillis *Crosby* Jr.
Crosby (David) – musicien (CSN&Y)
    David *Van Cortland*
Crothers (Scatman) - acteur
    Benjamin Sherman *Crothers*
Crowley (Aleister) – occultiste
    Edward Alexander *Crowley*
Cruise (Tom) – acteur
    Thomas *Cruise Mapother* IV
Cruyff (Johan) - footballeur
    Hendrik Johan *Cruijff*
Cuevas (Marquis de) – mécène
    Jorge *de Piedrablanca de Guana*
Cukor (George) - cinéaste
    Spangler Arlington *Brough*
Cummings (E. E.) – poète
    Edward Estlin *Cummings*
Cunard (Emerald) – mécène
    Maud Alice *Cunard*
Cuny (Alain) – acteur
    René Xavier *Marie*

Curé d'Ars (Le) – saint catholique
    Jean-Marie *Vianney*
Curé d'Uruffe (Le) - criminel
    Guy *Desnoyers*
Curnonsky - humoriste
    Maurice-Edmond *Sailland*
Curtis (Jackie) - actrice(eur)
    John *Holder* Jr.
Curtis (Tony) - acteur
    Bernard *Schwartz*
Curtiz (Michael) - cinéaste
    Mihaly *Kertesz Kaminer*
Cut Killer – DJ
    Anouar *Hajoui*
Cyrano de Bergerac – poète
    Savinien *Cyrano de Bergerac*

D'Alcy (Jeanne) – actrice
　　Charlotte *Faës*
D'Alençon (Emilienne) – actrice de théâtre
　　Emilienne *André*
D'Andurain (Marga) - aventurière
　　Jeanne *Clérisse*
D'Artagnan - militaire
　　Charles *de Batz de Castelmore*
D'Errata (Daisy) – animatrice télé
　　Anne-Laure *Tellenne* (née *Chaptel*)
D'Hartoy (Maurice) – homme politique
　　Maurice-Lucien *Hanot*
D'Holbach - philosophe
　　Paul Henry *Thiry*
D'Ora (Madame) - photographe
　　Théodora Philippine *Kallmus*
D'Ormesson (Jean) – écrivain
　　Jean Bruno Wladimir François-de-Paule *Lefèvre d'Ormesson*
D'Houville (Gérard) - écrivain
　　Marie *de Régnier*
D'Uzès (Le Duc) – homme politique
　　Emmanuel *de Crussol*
Da Ponte (Lorenzo) – poète
　　Emanuele *Conegliano*
Dac (Pierre) - humoriste
　　André *Isaac*
Dada Maravilha - footballeur
　　Dario José *Dos Santos*
Dadju – rappeur
　　Dadju *Tsungula*

Dahan (Gérald) – humoriste
Gérald *Berthelot*
Dahlia Noir (Le) – victime de meurtre
Elisabeth *Short*
Dalaï-Lama (Le) – religieux
Tenzin *Gyatso*
Dalban (Robert) – acteur
Gaston *Barré*
Dale (Dick) - musicien
Richard Anthony *Monsour*
Dalida - chanteuse
Yolanda *Gigliotti*
Dalio (Marcel) - acteur
Marcel Benoît *Blauschild*
Dalle (Béatrice) - actrice
Béatrice *Cabarrou*
Dame aux Camélias (La) - personnage de roman
Alphonsine *Plessis*
Damia - chanteuse
Marie-Louise *Damien*
Damita (Lily) – actrice
Liliane Marie-Madeleine *Carré*
Damone (Vic) - chanteur
Vito Rocco *Farinola*
Danel (Pascal) – chanteur
Jean-Jacques *Pascal*
Dangerfield (Rodney) – acteur
Jacob *Cohen*
Danger Mouse – musicien
Brian *Burton*
Dangerous – musicien (The Hives)
Christopher *Grahn*
Dani – chanteuse
Danièle *Graule*
Daniel (Jean) - journaliste
Jean Daniel *Bensaïd*
Danny Boy – chanteur
Claude *Piron*
Dante - poète
Durante *Degli Alighieri*
Darbois (Guy) – animateur télé
Guy *Samakh*
Darc (Daniel) - chanteur
Daniel Simon *Rozoum*

Darc (Mireille) - actrice
    Mireille *Aigroz*
Darien (Georges) - écrivain
    Georges-Hippolyte *Adrien*
Darin (Bobby) - chanteur
    Robert Walden *Cassotto*
Darlan (Eva) – actrice
    Eva *Osty*
Darling (Candy) – actrice(eur)
    James Lawrence *Slattery*
Darling (Rikky) – musicien (Métal Urbain)
    Eric *Feidt*
Darnell (Linda) - actrice
    Monetta Eloyse *Darnell*
Darquier de Pellepoix - homme politique
    Louis *Darquier*
Darras (Jean-Pierre) – acteur
    Jean-Pierre *Dumontet*
Darrin (Sonia) - actrice
    Sonia *Paskowitz*
Dassary (André) – chanteur
    André *Deyherassary*
Dassault (Marcel) - industriel
    Marcel *Bloch*
Daumier (Sophie) - humoriste
    Elisabeth *Hugon*
Dauphin (Claude) - acteur
    Claude *Legrand*
Dautin (Yvan) - chanteur
    Yvan *Autain*
Dave - chanteur
    Wouter Otto *Levenbach*
Dave (Sam &) - chanteur
    David *Prater*
David (& Jonathan) – chanteur
    David *Marouani*
David (Tonton) – chanteur
    David *Grammont*
David d'Angers – sculpteur
    Pierre *Jean David*
Davina (Véronique &) – animatrice télé
    Davina *Delor*
Davis (Bette) – actrice
    Ruth Elisabeth *Davis*

Davis (Billie) – chanteuse
  Carole *Hedges*
Davis (Miles) – musicien
  Miles Dewey *Davis* III
Dax (Micheline) - actrice
  Micheline *Ethevenon*
Day (Doris) - actrice
  Doris *Kapelhoff*
Day (Rusty) – chanteur (Cactus)
  Russell Edward *Davidson*
De Beauharnais (Joséphine) - impératrice
  Marie-Josèphe-Rose *Tascher de la Pagerie*
De Beaujour (Félix) – politique
  Louis-Auguste *Feris*
De Beauvoir (Simone) - écrivain
  Simone *Bertrand de Beauvoir*
De Belleroche (Maud) – journaliste et actrice
  Madeleine *Sacquard*
De Benoist (Alain) – philosophe
  Fabrice *Laroche*
De Bouillon (Godefroi) - militaire
  Godefroy IV *de Boulogne*
De Broca (Philippe) – cinéaste
  Philippe *de Broca de Ferrussac*
De Bruges (Jeff) – chef d'entreprise
  Philippe *Jambon*
De Beauvoir (Roger) – littérateur
  Roger *de Bully*
De Buxeuil (René) – compositeur
  Jean-Baptiste *Chevrier*
De Carlo (Yvonne) - actrice
  Yvonne *Middleton*
De Cordova (Arturo) – acteur
  Arturo *Garcia Rodriguez*
De Courrière (Berthe) – demi-mondaine
  Caroline Louise Victoire *Courrière*
De Croisset (Francis) – dramaturge
  Edgar Franz *Wiener*
De Fontenay (Geneviève) – présidente du Comité Miss France
  Geneviève *Poirot* (née *Mühlmann*)
De Fougerolles (Hélène) – actrice
  Hélène *Rigoine de Fougerolles*

De France (Cécile) - actrice
    Cécile *Defrance*
De Funès (Louis) – acteur
    Louis Germain David *de Funès de Galarza*
De Gouges (Olympe) – écrivain
    Marie *Gouze*
De Hennezel (Marie) – psychotérapeute
    Marie *Gaultier de La Ferrière*
De Kersauson (Olivier) – navigateur
    Olivier *de Kersauson de Pennendreff*
De Koch (Basile) - journaliste
    Bruno *Tellenne*
De La Barre (Le Chevalier) – victime
    François-Jean *Lefèbvre*
De La Fressange (Inès) – mannequin
    Inès Marie Laetitia *de Seignard de La Fressange*
De La Motte Fifrée (Hubert) – musicien (Au Bonheur des Dames)
    Dominique *Esnault*
De La Villardière (Bernard) – journaliste
    Bernard Edouard Henri *Berger de la Villardière*
De Lamothe-Cadillac (Antoine) - aventurier
    Antoine *Laumet*
De Larcône (Sunsiaré) - écrivain
    Suzy Marie *Durupt*
De Lenclos (Ninon) - courtisane
    Anne de *l'Enclos*
De Los Rios Rosas (Antonio) – homme politique
    Antonio *Sanchez del Rio y Lopez de la Rosa*
De Maintenon (Madame) - marquise
    Françoise *d'Aubigné*
De Ménibus (Cécile) – animatrice télé
    Cecile *Moharic Hellouin de Ménibus*
De Méricourt (Théroigne) – femme politique
    Anne-Josèphe *Terwagne*
De Mérode (Cléo) – danseuse
    Cléopâtre Diane *de Mérode*
De (ou Von) Mérode (Rudy) - espion
    Frédéric *Martin*
De Mille (Cecil B.) – cinéaste
    Cecil Blount *De Mille*

De Montherlant (Henri) – écrivain
    Henry Marie Joseph Frédéric Expedite *Millon De Montherlant*

De Montijo (Eugénie) - impératrice
    Maria Eugénia Ignacia *de Pallafox-Portocarrero de Guzman y Kirkpatrick*

De Morès (Marquis) – militant politique
    Antoine Marie Amédée Vincent *Manca de Vallombrosa*

De Mornay (Rebecca) – actrice
    Rebecca *George*

De Neufchâteau (François) – écrivain
    Nicolas *François*

De Palmas (Gérald) – chanteur
    Gérald *Gardrinier*

De Pompadour (Marquise) - favorite
    Jeanne Antoinette *Poisson*

De Pougy (Liane) – danseuse
    Anne-Marie *Chassaigne*

De Prestige (Louis) - musicien
    Jean-Yves *Lemattre*

De Rosnay (Xavier) – musicien (Justice)
    Xavier *Dulong de Rosnay*

De Ségur (Comtesse) – écrivain
    Sophie *Rostopchine*

De Sévigné (Marquise) – écrivain
    Marie *de Rabutin-Chantal*

De Staël (Madame) – écrivain
    Germaine *Necker*

De St-Phalle (Nikki) - peintre
    Marie-Agnès *Fal de St-Phalle*

De Suza (Linda) – chanteuse
    Téolinda Joaquina *de Sousa Lança*

De Tavernost (Nicolas) – chef d'entreprise
    Nicolas *Bellet de Tavernost*

De Toledo (Camille) – artiste plasticien
    Alexis *Mittal*

De Villard (Nina) - poètesse
    Marie-Claudine *Gaillard*

De Ville (Willy) – chanteur (Mink de Ville)
    William Paul *Borsey* Jr.

De Villepin (Dominique) – homme politique
    Dominique Marie François René *Galouzeau de Villepin*

De Villiers (Gérard) - écrivain
  Gérard Adam *Deval*
De Villiers (Philippe) – homme politique
  Philippe *Le Jolis de Villiers de Saintignon*
Dead – chanteur (Mayhem)
  Per Yngve *Ohlin*
Dean (Jan &) - chanteur
  Dean *Torrence*
Dearly (Max) – acteur
  Lucien Paul Marie Joseph *Rolland*
Débris (Eric) – musicien (Métal Urbain)
  Eric *Daugu*
Deburgh (Chris) – musicien
  Christopher John *Davison*
Dechavanne (Christophe) – animateur télé
  Christophe *Dechavanne-Binot*
Deco - footballeur
  Anderson Luis *de Souza*
Dee (Mikkey) – musicien (Mötorhead)
  Michael *Delaoglou*
Dee Generate – musicien (Eater)
  Roger *Bullen*
Defonseca (Misha) - écrivain
  Monique *de Wael*
Degas (Edgar) - peintre
  Edgar *de Gas*
Deguelt (François) – chanteur
  Louis Lucien Gabriel *Deghelt*
Deharme (Lise) - écrivain
  Anne-Marie *Deharme*
Deivid – footballeur
  Deivid *de Souza*
Dekker (Desmond) - musicien
  Desmond Adolphus *Dacres*
Dekobra (Maurice) – romancier
  Ernset-Maurice *Tessier*
Del Duca (Cino) - éditeur
  Pacifico *Del Duca*
Del Rey (Lana) - chanteuse
  Elisabeth Woolridge *Grant*
Delair (Suzy) - actrice
  Suzanne *Delaire*
Delaney (& Bonnie) - musicien
  Delaney *Bramlett*

Delanoë (Pierre) – parolier
    Pierre Charles Marcel Napoléon *Leroyer*
Delille (Abbé) – poète
    Jacques *Montanier*
Delon (Anthony) - acteur
    Antoine *Delon*
Delon (Nathalie) - actrice
    Francine *Delon* (née *Canovas*)
Delorme (Danièle) - actrice
    Gabrielle *Girard*
Delorme (Marion) – courtisane
    Marion *de Lon*
Delpech (Michel) - chanteur
    Jean-Michel *Delpech*
Delubac (Jacqueline) – actrice
    Isabelle Jacqueline *Basset*
Deluc (Xavier) – acteur
    Xavier *Lepetit*
Dementieva (Elena) – tenniswoman
    YelenaVyacheslavovna *Dementyeva*
Demongeot (Mylène) – actrice
    Marie-Hélène *Demongeot*
Deneuve (Catherine) - actrice
    Catherine *Dorléac*
Denilson - footballeur
    Denilson *de Oliveira Araujo*
Denis (La Mère) - figurante
    Jeanne Marie *Le Calvé*
Denis d'Inès - acteur
    Joseph-Victor-Octave *Denis*
Denny (Sandy) – chanteuse (Fairport Convention)
    Alexandra *Elene*
Denon (Vivant) – graveur
    Dominique-Vivant *Denon*
Deraime (Bill) - musicien
    Alain *Deraime*
Deray (Jacques) – cinéaste
    Jacques *Desrayaux*
Derec (Jean-François) – humoriste
    Jean-François *Dereczynski*
Derek (Bo) - actrice
    Mary Cathleen *Collins*
Derek (John) - acteur
    Harris *Derek*

Dermée (Paul) - écrivain
   Camille *Janssen*
Dermit (Edouard) - acteur
   Antoine *Dermit*
Dero - peintre
   Robert *Decremps*
D'Erville (Henry) – parolier
   Henry *Roussel*
Dès (Henri) – chanteur
   Henri *Destraz*
Des Barres (Pamela) – écrivain
   Pamela *Miller*
Des Cars (Guy) – écrivain
   Guy *de Pérusse des Cars*
Desanti (Dominique) – écrivain
   Anne *Persky*
DeSanto (Sugar Pie) – chanteuse
   Umpeylia Marsema *Balinton*
Descartes (René) - philosophe
   René *des Cartes du Perron*
Descrières (Georges) – acteur
   Georges René *Bergé*
Desireless - chanteuse
   Claudie *Fritsch-Mentrop*
Desmarets (Sophie) – actrice
   Jacqueline *Desmarets*
Desnos (Youki) – muse
   Lucie *Badoud*
Despentes (Virginie) – écrivaine
   Virginie *Daget*
Dessange (Jacques) – chef d'entreprise
   Hubert *Dessange*
Dessay (Natalie) – cantatrice
   Nathalie *Dessaix*
Destouches – comédien
   Philippe *Néricault*
Deutsch (Lorant) - acteur
   Laszlo *Matekovics*
Devoto (Howard) – chanteur (Magazine)
   Howard *Trafford*
Dewaere (Patrick) - acteur
   Patrick *Bourdeaux (ou Maurin, ou Têtard)*
Deyn (Agyness) - actrice
   Laura *Hollins*

Dhéry (Robert) - acteur
    Robert Léon Henri *Fourrey*
DJ Abdel – DJ
    Abdel *Lamriq*
Di'Anno (Paul) – musicien (Iron Maiden)
    Paul *Andrews*
Diam's - chanteuse
    Mélanie *Georgiadès*
Diament (Jacques) – rédacteur en chef de BD
    Jacques *Djament*
Dibango (Manu) – musicien
    Emanuel *N'Djoke Dibango*
Dickinson (Angie) - actrice
    Angeline *Brown*
Diddley (Bo) - musicien
    Elias Otha *Bates McDaniel*
Didi – footballeur
    Waldyr *Pereira*
Dido – chanteuse
    Dido Florian *Cloud de Bounevialle O'Malley Armstrong*
Diefenthal (Frédéric) – acteur
    Frédéric Pierre *Diefenthal-Girau-Guyard*
Diego - footballeur
    Diego *Ribas da Cunha*
Diesel (Vin) – acteur
    Mark Sinclair *Vincent*
Dietrich (Marlène) - actrice
    Maria-Magdalena *Von Losch Dietrich*
Dietrich (Sepp) - militaire
    Josef *Dietrich*
Dieudonné - humoriste
    Dieudonné *M'Bala M'Bala*
Dieudonné (Charles) – homme politique
    Georges Albert *Oltramare*
Difool – animateur radio
    David *Massard*
Dimebag Darrell – musicien (Pantera)
    Darrell *Abbott*
Dingo Virgin – musicien (Gong)
    Christopher David *Allen*
Dino (Shirley &) - humoriste
    Gilles *Benizio*

Dio (Ronnie James) – chanteur (DIO)
: Ronald James *Padovana*

Dion (& the Belmonts) - chanteur
: Dion *Di Mucci*

Diouf (Mouss) - (humoriste)
: Pierre Moustapha *Diouf*

Disiz La Peste - rappeur
: Sérigne M'Baye *Gueye*

Divine - actrice(eur)
: Harris Glenn *Milstead*

Dixon (Deborah) - écrivain
: Deborah *Roberts*

DJ Mehdi – producteur de musique
: Mehdi *Favéris-Essadi*

DMC – musicien (Run-DMC)
: Darryl Matthews *McDaniels*

Dmitrieff (Elisabeth) – militante révolutionnaire
: Elizaveta Loukinitcha *Koucheleva*

Doc - journaliste
: Christian *Spitz*

Doc Gynéco - chanteur
: Bruno *Beausir*

Dodo la Saumure - proxénète
: Dominique *Alderweireld*

Doe (John) – musicien (X)
: John Nommensen *Duchac*

Dolto (Françoise) - psychanalyste
: Françoise *Marette*

Dombasle (Arielle) - actrice
: Arielle Laure *Sonnery de Fromentale*

Domingo (Placido) – chanteur d'opéra
: José Placido *Domingo Embil*

Dominguin (Luis Miguel) - torero
: Luis Miguel *Gonzalez Lucas*

Dominique (Miss) - chanteuse
: Dominique *Michalon*

Dominique (Pierre) – écrivain
: Pierre Dominique *Lucchini*

Domino (Fats) - musicien
: Antoine Dominique *Domino*

Dona (Alice) - chanteuse
: Alice *Donadel*

Don Bruno – militaire
: Bruno *Ibañez Galvez*

Donatello – sculpteur
: Donato *di Niccolo Betto Bardi*

Donato (Magda) – actrice
: Carmen Eva *Nelken*

Donegan (Lonnie) - musicien
: Anthony *Donegan*

Donovan - musicien
: Donovan Philipp *Leitch*

Dorcel (Marc) – producteur de cinéma
: Marcel *Herskowitz*

Dorgelès (Roland) - écrivain
: Roland *Lecavelé*

Dorgères (Henri) – homme politique
: Henri-Auguste *d'Halluin*

Dorian (Marion) – actrice
: Elisabeth *Soutzo*

Doris (Pierre) - humoriste
: Pierre-Léon *Tugot*

Dormoy (Marx) – homme politique
: René *Marx Dormoy*

Dorothée – animatrice télé
: Frédérique *Hoschedé*

Dorval (Alain) – acteur
: Alain *Bergé*

Dorval (Marie) – actrice de théâtre
: Marie *Delaunay*

Douanier Rousseau (Le) - peintre
: Henri *Rousseau*

Douchka – chanteuse
: Douchka *Bojidarka Esposito*

Douglas (Kirk) - acteur
: Yssur Danielovitch *Demsky*

Douglas (Pierre) – humoriste
: Pierre *Melon*

Douillet (David) - cinéaste
: David *Brument*

Doutch (Duch) – criminel
: Kaing Guek *Eaw*

Dr. Dre - rappeur
: Andre Romelle *Young*

Dr. Feelgood – médecin
: Max *Jacobson*

Dr. John - musicien
: Malcolm *McRebennack*

Dr. Martin − militant d'extrême droite
　　Félix-Victor-Henri *Martin*
Dr. Matt Destruction − musicien (The Hives)
　　Mattias *Bernvall*
Dracula − personnage historique
　　Vlad *Tepes*
Dragna (Jack) - mafieux
　　Anthony *Rizzotti*
Dranem − chanteur
　　Armand *Ménard*
Drouet (Juliette) − actrice de théâtre
　　Julienne *Gauvain*
Du Barry (Comtesse) - favorite
　　Jeanne *Bécu de Cantigny*
Dubois (Alice) − espionne
　　Louise *de Bettignies*
Dubois (Marie) − actrice
　　Claudine Lucie Pauline *Huzé*
Dubois (Sonia) − journaliste
　　Sonia Claude *Parent*
Duc d'Albe (Le) − grand d'Espagne
　　Fernando *Alvarez de Toledo y Pimentel*
Duccio - peintre
　　Duccio *Di Buoninsegna*
Duchamp-Villon (Raymond) - sculpteur
　　Raymond *Duchamp*
Duchenne de Boulogne − médecin
　　Guillaume-Benjamin *Duchenne*
Duchesnois (Mademoiselle) − tragédienne
　　Catherine-Joséphine *Rafin*
Dugommier (Général) - militaire
　　Jacques François *Coquille*
Dumas (Alexandre) - écrivain
　　Alexandre *Davy de La Pailleterie*
Dumont (Margaret) − comédienne
　　Daisy Juliette *Baker*
Dumouriez - militaire
　　Charles François *du Périer*
Dunbar (Sly) - musicien
　　Lowell *Dunbar*
Dune (Martin) − musicien (The Frenchies)
　　Jean-Marie *Poiré*
Dunn (Michael) − acteur
　　Gary Neil *Miller*

Duperey (Anny) – actrice
　　Anny Ginette Luciene *Legras*
Duplessis (Marie) – courtisane
　　Rose Alphonsine *Plessis*
Dupontel (Albert) – acteur
　　Philippe *Guillaume*
Duras (Marguerite) - écrivain
　　Marguerite *Donnadieu*
Dussane (Béatrix) – actrice
　　Béatrice *Dussau*
Dustan (Guillaume) - écrivain
　　William *Baranès*
Duval (Jeanne) - muse
　　Jeanne *Lemaire*
Duvernois (Henri) – écrivain
　　Henri-Simon *Schwabacher*
Dux (Pierre) - humoriste
　　Pierre Alexandre *Martin*
Duyen (Ky) – acteur
　　Pham *Ngoc Thach*
Dylan (Bob) - musicien
　　Robert Allen *Zimmerman*
Dynamite – musicien (Bijou)
　　Joël *Yan*

E. – chanteur (The Eels)
    Mark Oliver *Everett*
Eastman (Lee) - avocat
    Leopold Vail *Epstein*
Easy-E – rappeur
    Eric *Wright*
Eckhart (Maître) – philosophe
    Eckhart *von Hochheim*
Eddie (Flo &) – musicien
    Mark *Volman*
Eder - footballeur
    Ederzito Antonio *Macedo Lopes*
Edge (Damon) - musicien
    Thomas Edward *Wisse*
Edika - dessinateur
    Edouard *Karali*
Edmilson – footballeur
    José Edmilson *Gomes de Moraes*
Edmonds (Lu) - musician (The Damned)
    Robert *Edmonds*
Edwards (Blake) – cineaste
    William Blake *McEdwards*
Edwards (Django) – humoriste
    Stanley Ted *Edwards*
Edwige - mannequin
    Edwige *Grüss*
Eiffel (Gustave) - ingénieur
    Alexandre Gustave *Bunick-Hausen*
Ekland (Britt) - actrice
    Britt *Eklund*
El Arropierro - criminel
    Manuel *Delgado Villegas*

El Campesino – militant politique
    Valentin *Gonzalez*
El Chapo – mafieux
    Joaquin Archivaldo *Guzman Loera*
El Cordobes - torero
    Manuel *Benitez Perez*
El Lissitzky - peintre
    Eliezer Markovitch *Lissitzky*
El Rubio de Bobadilla – militant politique
    Pablo *Perez Hidalgo*
El Tempranillo - bandolero
    Jose Pelagio *Hinojosa Cobacho*
Eldritch (Andrew) – chanteur (The Sisters Of Mercy)
    Andrew *Taylor*
Electra (Carmen) – actrice
    Tara Leigh *Patrick*
Elephant Man – personnage réel de film
    Joseph *Merrick*
Elijah Muhammad - religieux
    Elijah Robert *Poole*
Eliot (George) – romancière
    Mary Ann *Evans*
Eliot (T.S.) - écrivain
    Thomas Stearn *Eliot*
Ellington (Duke) - musicien
    Edward *Ellington*
Elliot (Missy) – rappeur
    Melissa *Elliot*
Ellroy (James) – écrivain
    Lee Earl *Ellroy*
Elsa - chanteuse
    Elsa *Lunghini*
Eluard (Nusch) - muse
    Maria *Benz*
Eluard (Paul) - poète
    Eugène *Grindel*
Emilfork (Daniel) – acteur
    Daniel *Zapognikof*
Eminem - rappeur
    Marshall *Mathers* III
Enfantin (Père) – philosophe
    Prosper Barthélémy *Enfantin*

Eno (Brian) – musicien
    Brian Peter George *St John Baptiste de La Salle Eno*
Enya – musicienne
    Eithne Patricia Ni *Bhraonian*
Enzo Enzo - chanteuse
    Körin *Ternovtzeff*
Eric (& Ramzy) - humoriste
    Eric *Judor*
Erickson (Leif) - explorateur
    William *Anderson*
Erickson (Roky) – musicien (13th Floor Elevator)
    Roger Kynard *Erickson*
Erika (Princess) – chanteuse
    Erika *Dobong'Na*
Ernest la Jeunesse - écrivain
    André *Ibels*
Esquerita - musicien
    Stephen Quincy *Reeder* Jr.
Essex (David) – chanteur
    David Albert *Cook*
Ester (Pauline) – chanteuse
    Sabrina *Ocon*
Estrada (Joseph) – homme politique
    José Marcelo *Ejercito*
Euronymous – musicien (Mayhem)
    Öystein *Aarseth*
Eusebio - footballeur
    Eusebio *da Silva Ferreira*
Evariste - chanteur
    Joël *Sternheimer*
Evenou (Danièle) – actrice
    Danielle Anne Marie *Evennou*
Evola (Julius) - philosophe
    Giulio *Evola*

F. (Christiane) - personnage (réel) de film
    Christiane *Felscherinow*
Fabbri (Jacques) – acteur
    Jacques *Fabbricotti*
Fabian - chanteur
    Fabiano Anthony *Forte*
Fabian (Françoise) - actrice
    Michèle *Cortès de Leon y Fabianera*
Fabian (Lara) - chanteuse
    Lara Sophie Kathy *Grockaert*
Fabien (Colonel) - politique
    Pierre *Georges*
Fabre (Fabienne) - actrice
    Fabienne *Essaïagh*
Fabre d'Eglantine - poète
    Philippe François *Fabre*
Fabrice - animateur
    François *Simon-Bessy*
Fad Gadget - musicien
    Frank *Tovey*
Fagus – poète
    Georges *Faillet*
Fairbanks ,Sr (Douglas) – acteur
    Douglas Elton *Ullman*
Fakoly (Tiken Jah) – chanteur
    Doumbia Moussa *Fakoly*
Fame (Georgie) - chanteur
    Clive *Powell*
Family Man - musicien (The Wailers)
    Aston *Barrett*
Farmer (Mimsy) – actrice
    Merle *Farmer*

Farmer (Mylène) - chanteuse
    Mylène *Gauthier*
Farrakhan (Louis) - religieux
    Louis Eugene *Walcott*
Farrow (Mia) - actrice
    Maria *de Lourdes Villiers Farrow*
Fatboy Slim - chanteur
    Norman *Cook*
Faudel - chanteur
    Faudel *Belloua*
Faulkner (William) - écrivain
    William *Falkner*
Faust – musicien (Emperor)
    Bärd *Eithun*
Favart (Marie) - actrice de théâtre
    Pierrette-Ignace *Pingaut*
Fearless (Richard) – musicien (Death In Vegas)
    Richard *Maguire*
Félix da Housecat – producteur de musique
    Félix *Stallings*
Fénelon – écrivain
    François *de Salignac de La Mothe- Fénelon*
Ferjac (Anouk) - actrice
    Anne-Marie *Levain*
Ferjac (Pol) – dessinateur
    Paul Fernand *Levain*
Fernandel - acteur
    Fernand Joseph Désiré *Contandin*
Fernandez (Nilda) – chanteur
    Daniel *Fernandez*
Fernando – footballeur
    Fernando *Menangazzo*
Ferrari (Lolo) – actrice
    Eve *Vallois*
Ferrat (Jean) - chanteur
    Jean *Tennenbaum*
Ferrer (Nino) - chanteur
    Agostino *Ferrari*
Ferrer (Séverine) – présentatrice télé
    Séverine *Dijoux*
Feuillère (Edwige) - actrice
    Edwige Caroline *Cunati*
Feyder (Jacques) - cinéaste
    Jacques *Frédérix*

FGKO – cinéastes
    Fabrice *Garçon* & Kevin *Ossona*
Field (Michel) - journaliste
    Michel Jacques François *Feldschuh*
Field (Sally) – actrice
    Sally *Mahoney*
Fields (Gracie) – chanteuse
    Grace *Stansfield*
Fields (W.C.) - humoriste
    William Claude *Dukenfield*
50 (Fifty) Cent - rappeur
    Curtis *Jackson*
Figo (Luis) – footballeur
    Luis Filipe *Madeira Caeiro Figo*
Finn (Mickey) - musicien
    Michael *Waller*
Fio Maravilha – footballeur
    Joao Batista *de Sales*
Fiori (Patrick) - chanteur
    Patrick Jean-François *Chouchayan*
Firth (Peter) – acteur
    Peter *Macintosh Firth*
Fish – chanteur (Marillion)
    Derek William *Dick*
Fish (Pat) – musicien
    Patrick Guy Sibley *Huntrods*
Fitzcarraldo - personnage de film
    Brian Sweeney *Fitzgerald*
Flament (Flavie) - journaliste
    Flavie *Lecanu*
Flea – musicien (Red Hot Chilli Peppers)
    Michael Peter *Balzary*
Flesh (Henry) - chanteur (Angel Face)
    Henry *Roland*
Flo (& Eddie) - musicien
    Howard *Kayland*
Florelle – actrice
    Odette *Rousseau*
Flores (Pepa) – chanteuse et actrice
    Josefa *Flores Gonzalez*
Floyd (Pretty Boy) – gangster
    Charles Arthur *Floyd*
F'Murr – dessinateur
    Richard *Peyzaret*

Folin (Sébastien) – animateur télé
    Assad *Folin*
Foly (Liane) - chanteuse
    Eliane *Falliex*
Fontaine – peintre
    Jacques François Joseph *Schwebach*
Fontaine (Joan) - actrice
    Joan *de Beauvoir de Havilland*
Fontenelle - philosophe
    Bernard *Le Bouyer de Fontenelle*
Fonzie – personnage de film
    Arthur Herbert *Fonzarelli*
Foottit - clown
    George *Foottit*
Ford (Gerald) - homme politique
    Leslie Lynch *King* Jr.
Ford (Glenn) – acteur
    Gwyllyn Samuel *Newton Ford*
Ford (John) - cinéaste
    Sean Aloysius *O' Feeney*
Forman (Milos) – cinéaste
    Jan Tomas *Forman*
Fornia (Ariane) - écrivain
    Alexandra *Besson*
Foster (Jodie) – actrice
    Alicia Christian *Foster*
Foujita - peintre
    Tsuguharu *Fujita*
Foun-Sen – actrice
    Cécile *Nguyen-Ngoc-Tue*
Fouquier-Tinville – accusateur public
    Antoine-Quentin *Fouquier de Tinville*
Fouras (Père) – personnage télé
    Yann *Le Gac*
Foxx (Jamie) - acteur
    Eric Marlon *Bishop*
FR David - chanteur
    Eli Robert David *Fitoussi*
Fra Angelico - peintre
    Guido *Di Pietro*
Fragson - chanteur
    Léon *Pot*
Frain (Irène) – écrivain
    Irène *Le Prohon*

Framboisier – musicien
    Claude *Chamboissier*
France (Anatole) - écrivain
    François Anatole *Thibault*
France (Claude) – actrice
    Jane Joséphine Anna Françoise *Wittig*
Francey (Micheline) – actrice
    Micheline *Gay-Bellile*
Francis (Robert) - musicien
    Robert *Commagere*
Francis le Belge – parrain du milieu
    Francis *Vanverberghe*
Franc-Nohain - écrivain
    Maurice-Etienne *Legrand*
François (Frédéric) - chanteur
    Francesco *Baracatto*
Frank Eugene - photographe
    Frank Eugene *Smith*
Frank-Will – peintre
    Frank William *Boggs*
Franquin – dessinateur
    André *Franquin*
Fray Leopoldo – religieux
    Francisco Tomas de San Juan Bautista *Marquez Sanchez*
Fred - dessinateur
    Frédéric Othon Théodore *Aristidès*
Fred - footballeur
    Frederico *Chaves Guedes*
Fred (Omar &) - humoriste
    Frédéric *Testot*
Frede – directrice de cabarets
    Frédérique Suzanne Jeanne *Baulé*
Fréhel - chanteuse
    Marguerite *Boulc'h*
Frehley (Ace) - musicien (Kiss)
    Paul Daniel *Frehley*
Frères ennemis (Les) – humoristes
    Teddy *Vrignault* & André *Gaillard*
Fresnay (Pierre) - acteur
    Pierre *Laudenbach*
Freud (Sigmund) - médecin
    Sigismund *Freud*
Friday (Gavin) – musicien (Virgin Prunes)
    Fionan *Hanvey*

Fuller (Loïe) - danseuse
    Mary Louise *Fuller*
Furey (Lewis) – compositeur
    Lewis *Greenblatt*
Fury (Billy) - chanteur
    Ronald William *Wycherley*
Futura 2000 – artiste de rue
    Leonard *McGurr*
FX – candidat de télé-réalité
    Xavier *Leuridan*

Gabin (Jean) - acteur
    Jean *Moncorgé*
Gabor (Zsa Zsa) - actrice
    Sari *Gabor*
Gabriello (Suzanne) – actrice
    Suzanne *Galopet*
Gabrio (Gabriel) – acteur
    Edouard Gabriel *Lelièvre*
Gades (Antonio) – danseur
    Antonio *Esteve Rodeñas*
Gaillard (Jean-Pierre) - journaliste
    Bernard *Tixier*
Gainsbourg (Charlotte & Serge) - chanteurs
    Charlotte & Lucien *Ginsburg*
Gala – muse de Salvador Dali
    Helena Dimitrievna Delovrina Diakonova *Diulne*
Galilée – astronome
    Galileo *Galilei*
Gall (France) - chanteuse
    Isabelle *Gall*
Gandhi (Mahatma) - politique
    Mohandas Karamchand *Gandhi*
Garbo (Greta) - actrice
    Greta Louisa *Gustafsson*
Garcia (Andy) – acteur
    Andres Arturo *Garcia Menendez*
Garcia (Jerry) - musicien (Grateful Dead)
    Jerome John *Garcia*
Garcia (José) – acteur
    José *Doval*

Garcimore - humoriste
    José *Garcia Moreno*
Gardel (Carlos) - danseur
    Charles *Gardes*
Gardner (Ava) – actrice
    Lucy *Johnson*
Garel (Sophie) – animatrice télé
    Lucienne *Garcia*
Garfield (John) - acteur
    Jacob Julius *Garfinkle*
Garland (Judy) - actrice
    Frances Ethel *Gumm*
Garner (James) – acteur
    James Scott *Baumgarner*
Garon (Jesse) - chanteur
    Bruno Julien André *Fumard*
Garou - chanteur
    Pierre *Garand*
Garrincha (Mané) – footballeur
    Manuel Francisco *Dos Santos*
Gary (Romain) - écrivain
    Roman *Kacew*
Gassendi - philosophe
    Pierre *Gassend*
Gassier (H.-P.) - dessinateur
    Henri-Paul *Deyvaux-Gassier*
Gast (Peter) – compositeur
    Heinrich *Köselitz*
Gatti (Armand) – journaliste
    Dante Sauveur *Gatti*
Gaucher (Roland) – militant politique
    Roland *Goguillot*
Gaudier-Brzeka (Henri) – dessinateur
    Henri *Gaudier*
Gaul (Charly) - cycliste
    Karl *Gaul*
Gault (& Millau) – gastronome
    Henri *Gaudichon*
Gauty (Lys) – chanteuse
    Alice *Gauthier*
Gavarni (Paul) - dessinateur
    Sulpice-Guillaume *Chevalier*
Gaye (Marvin) - chanteur
    Marvin Pentz *Gay* Jr.

Gazan (Florian) – animateur radio
    Florian *Spieri*
Gazzara (Ben) – acteur
    Biagio Anthony *Gazzara*
Gébé - dessinateur
    Georges *Blondeaux*
Gehry (Frank) – architecte
    Frank Owen *Goldberg*
Geldof (Bob) – chanteur (The Boomtown Rats)
    Robert *Geldorf*
Gelou – chanteuse
    Geneviève *Cognet*
Genesis P. Orridge – musicien (Throbbing Gristle)
    Neil Andrew *Megson*
Genest (Véronique) - actrice
    Véronique Marie Raymonde *Combouilhaud*
Genet (Jean) - écrivain
    Jean-Marcel *Genet*
Gen-Paul – peintre
    Eugène *Paul*
Gentle (Johnny) - chanteur
    John *Askew*
Gentry (Bobbie) – chanteuse
    Roberta Lee *Streeter*
George (Mademoiselle) – actrice
    Marguerite-Joséphine *Weimer*
George (Yvonne) - chanteuse
    Yvonne *de Knops*
Georges (Guy) - criminel
    Guy *Rampillon*
Georgius - chanteur
    Georges Auguste Charles *Guibourg*
Gérard (Danyel) - chanteur
    Gérard Daniel *Kherlakian*
Géraldy (Paul) – poète
    Paul *Lefèvre-Geraldy*
Gershwin (George) - musicien
    Jacob *Gershowitz*
Gerson (Jean) - religieux
    Jean *Charlier*
Ghil (René) - poète
    René *Ghilbert*

Giambologna - religieux
  Jean *de Bologne*
Giggs (Ryan) - footballeur
  Ryan *Wilson*
Gilbert-Leconte (Roger) - écrivain
  Roger *Leconte*
Gildas (Philippe) - journaliste
  Philippe *Leprêtre*
Gill (André) - dessinateur
  Alexandre Louis André *Gosset de Guines*
Gilles (Pierre &) - peintre
  Gilles *Blanchard*
Gillot-Pétré (Alain) – journaliste télé
  Alain *Pétré*
Gims (Maître) - chanteur
  Gandhi *Djuna*
Ginna (Arnaldo) - peintre
  Arnaldo Ginanni *Corradini*
Giorgione - peintre
  Giorgio *Barbarelli*
Giotto - peintre
  Giotto *di Bondone*
Giovanni (José) - cinéaste
  Joseph *Damiani*
Gir - dessinateur
  Jean *Giraud*
Girardot (Hippolyte) – acteur
  Frédéric Yves Ernest *Girardot*
Giraudy (Monique) – assistante réalisatrice
  Miquette *Giraudy*
Giroud (Françoise) - écrivain
  Léa France *Gourdji*
Gish (Lilian) – actrice
  Lilian Diana *de Guiche*
Glitter (Gary) - chanteur
  Paul *Raven*
Goddard (Paulette) - actrice
  Marion Pauline *Goddard Levy*
Godefroy (Jérôme) – journaliste
  Jérôme *Godard*
Gogol 1er - chanteur
  Jacques *Dezandre*
Goldberg (Whoopi) – actrice
  Caryn *Johnson*

Goldwynn (Samuel) - producteur
	Schmuel *Gelbfisz*
Gomez (Général) - militaire
	Wilhelm *Zaisser*
Gonzales (Chilly) – compositeur
	Jason Charles *Beck*
Gordon (Peter &) – chanteur
	Gordon *Waller*
Gorki (Maxime) – homme politique
	Alexiev Maksimovitch *Peskov*
Gorkin (Julian) – homme politique
	Julian *Gomez Garcia*
Gotlib - dessinateur
	Marcel *Gottlieb*
Goudezki (Jean) - poète
	Edouard *Goudez*
Gould (Elliot) - acteur
	Elliot *Goldstein*
Gouvion St-Cyr – militaire
	Laurent *Gouvion*
Goya (Chantal) - chanteuse
	Chantal *de Guerre*
Gracq (Julien) - écrivain
	Louis *Poirier*
Graham (Bill) - producteur
	Wolfgang Wolodia *Grajonca*
Gramm (Lou) – chanteur (Foreigner)
	Louis *Grammatico*
Grand Corps Malade - chanteur
	Fabien *Marsaud*
Grand Did' – musicien (Asphalt Jungle)
	Didier *Laffont*
Grandville (JJ) - dessinateur
	Jean-Ignace *Isidore*
Granger (Stewart) - acteur
	James Lablache *Stewart*
Grant (Cary) - acteur
	Archibald Alexander *Leach*
Granval (Charles) – acteur
	Charles Louis *Gribouval*
Graphito (Speedy) – peintre
	Olivier *Rizzo*
Gréco (Juliette) – chanteuse
	Marie-Juliette *Gréco*

Green (Peter) – musicien (Fleetwood Mac)
    Peter *Greenbaum*
Greg – dessinateur
    Michel Louis Albert *Regnier*
Greg le Millionaire - personnage de télé-réalité
    Gregory *Basso*
Grégoire - chanteur
    Grégoire *Boissenot*
Gregory (Bryan) – musicien (The Cramps)
    Gregory *Berckerleg*
Grey (Denise) – actrice
    Edouardine *Dunkel*
Gribouille – chanteuse
    Marie-France *Gaite*
Grille d'Egout - danseuse
    Lucienne *Beuze*
Gris (Juan) - peintre
    José *Gonzalez*
Grogan (Emmett) – activiste radical
    Kenny *Wisdom*
Grossexe (David) – animateur radio
    Jean-François *Gallotte*
Grünewald (Matthias) - peintre
    Matthias *Nithart*
Gueko (Seth) - rappeur
    Nicolas *Salvadori*
Guetta (David) – DJ
    Pierre David *Guetta*
Güney (Yilmaz) - cinéaste
    Yilmaz *Pütün*
Guérini (Mémé) - bandit
    Barthélémy *Guérini*
Guerra (Armand) – cinéaste
    José Maria *Estibalis Cabo*
Guesde (Jules) – homme politique
    Mathieu *Bazile*
Guétary (Georges) - chanteur
    Lambros *Worloou*
Gueule Tordue – milicien collaborateur
    Charles Francis *André*
Guggenheim (Peggy) - mécène
    Marguerite *Guggenheim*
Guitar Slim - musicien
    Edward *Jones*

Gulager (Clu) - acteur
    William Martin *Gulager*
Gunness (Belle) - criminelle
    Brynhild *Storset*
Gustavo (Soledad) – écrivaine
    Teresa *Mañe i Miravet*
Gustin (Didier) – humoriste
    Didier *Gueusquin*
Gütenberg – imprimeur
    Johannes *Gensfleisch*
Guthrie (Woody) - musicien
    Woodrow Wilson *Guthrie*
Guti - footballeur
    Jose Maria *Gutierrez Hernandez*
Guy (Buddy) - musicien
    George *Guy*
Gyp - écrivain
    Sybille Gabrielle Marie Antoinette *Riquetti de Mirabeau*

H. (Arthur) - musicien
    Arthur *Higelin*
H (Charlie) – musicien (Métal Urbain)
    Charles *Hurbier*
Hachette (Jeanne) – personnage historique
    Jeanne *Laisné*
Hagen (Nina) - chanteuse
    Catharina *Hagen*
Haley (Bill) – musicien
    William John *Clifton*
Haller (Gustave) – écrivain
    Valérie Wilhelmine Joséphine *Simonin*
Halliday (David & Johnny) - chanteurs
    David Mickaël Benjamin & Jean-Philippe Léo *Smet*
Halsman (Philippe) – photographe
    Filips *Halsmann*
Hamsun (Knut) - écrivain
    Knut *Pedersen*
Handy (W. C.) - musicien
    William Christopher *Handy*
Hanin (Roger) - acteur
    Roger *Lévy*
Hanussen (Le Mage) - hypnotiseur
    Hermann *Steinschneider*
Harbor (Pearl) - chanteuse
    Pearl E. *Gates*
Harding (John Wesley) - chanteur
    Wesley *Stace*
Hardy (Laurel &) - acteur
    Oliver *Hardy*
Harlow (Jean) - actrice
    Harlean *Harlow Carpenter*

Harmel (Claude) – activiste politique
   Guy *Lemonnier*
Harper (Jesse) - musicien
   Douglas *Jerebine*
Harpo (Slim) - musicien
   James *Moore*
Harris (Jet) – musicien (The Shadows)
   Terence *Harris*
Harvey (Laurence) – acteur
   Zvi Mosheh *Skikne*
Harvey (P. J.) - musicienne
   Polly Jean *Harvey*
Hasselbaink (Jimmy Floyd) - footballeur
   Jerrel *Hasselbaink*
Hasselhof (David) - acteur
   Mitch *Buchanon*
Hawke (Ethan) – acteur
   Ethan *Green Hawke*
Hawkins (Screamin' J.) - chanteur
   Jalacy *Hawkins*
Hayworth (Rita) - actrice
   Margarita Carmen *Cansino*
Headon (Topper) – musicien (The Clash)
   Nicholas *Headon*
Heartfield (John) - photomonteur
   Helmut *Hertzfelde*
Hébertot (Jacques) – directeur de théâtre
   André *Daviel*
Hector - chanteur
   Jean-Pierre *Kalfon*
Hedayat (Dashiell) - chanteur
   Daniel *Théron*
Hedren (Tippi) - actrice
   Natalie Kay *Hedren*
Hell (Richard) - chanteur
   Richard *Meyers*
Hellhammer – musicien (Mayhem)
   Jan Axel *Blomberg*
Helm (Levon) - musicien (The Band)
   Mark *Lavon*
Helno – chanteur (Les Négresses Vertes)
   Noël *Rota*
Helvétius - philosophe
   Jean-Frédéric *Schweitzer*

Hendrix (Jimi) - musicien
>James Allen *Hendrix*
Henri-Paul – musicien (The Heartbreakers)
>Henri-Paul *Tortosa*
Hepburn (Audrey) - actrice
>Edda *Van Heemstra Hepburn-Ruston*
Herbert (Jean) – acteur
>Judka *Herpstu*
Hergé - dessinateur
>Georges *Rémi*
Hériat (Philippe) – écrivain
>Georges Raymond *Payelle*
Herman ('s Hermits) - chanteur
>Peter Blair Denis Bernard *Noone*
Hermann – dessinateur
>Hermann *Huppen*
Hermann-Paul - peintre
>Hermann-René-Georges *Paul*
Hermine – chanteuse
>Hermine *Demoriane*
Hérold-Paquis (Jean) - journaliste collaborateur
>Jean *Hérold*
Heston (Charlton) – acteur
>Charles *Carter*
Hi T Moonweed – musicien (Gong)
>Tim *Blake*
Hill (Benny) – humoriste
>Alfred Hawthorne *Hill*
Hill (Terence) - acteur
>Mario *Girotti*
Hill Louis (Joe) – musicien
>Lester *Hill*
Hillside (Steve) - musicien
>Steve *Hillage*
Hingis (Martina) – tenniswoman
>Martina *Hingisova Molitorova*
HM - écrivain
>Hervé *Moisan*
Hô Chi Minh – homme politique
>Nguyen *Sinh Cung*
Hoffmann (E.T.Amadeus) - compositeur
>Ernst Theodor Wilhelm *Hoffmann*
Hogan (Hulk) – acteur
>Terry Eugene *Bollea*

Holden (William) - acteur
    William Franklin *Beedle* Jr.
Holgado (Ticky) – acteur
    Joseph *Holgado*
Holiday (Billie) - chanteuse
    Eleanora *Fagen*
Holliday (Jason) - prostitué
    Aaron *Payne*
Holloway (Nancy) - chanteuse
    Nancy *Brown*
Holly (Buddy) - musicien
    Charles Hardin *Holley*
HollySiz – chanteuse
    Cécile *Crochon*
Holmes (H. H.) – serial killer
    Herman Webster *Mudgett*
Hood (Robin) – bandit
    Robert *Hood*
Hope (Bob) – acteur
    Leslie Townes *Hope*
Hopkins (Lightnin') - musicien
    Samuel *Hopkins*
Horner (Yvette) – musicienne
    Yvette *Hornère*
Hossein (Robert) - acteur
    Robert *Hosseinoff*
Houdini (Harry) - prestidigitateur
    Erich *Weiss*
Houellebecq (Michel) - écrivain
    Michel *Thomas*
House (Son) - musicien
    Edward James *House*
Houssaye (Arsène) – écrivain
    Arsène *Housset*
Houston (Patrick Stuart) – neveu d'Hitler
    William Patrick *Hitler*
Howlin' Pelle – chanteur (The Hives)
    Pelle *Almquist*
Howlin' Wolf - musicien
    Chester *Burnett*
HPG – acteur
    Hervé-Pierre *Gustave*
Hudson (Rock) - acteur
    Roy Harold *Scherer* Jr.

Huelsenbeck (Richard) - écrivain
  Carl Wilhelm Richard *Hülsenbeck*
Hulk - footballeur
  Givanildo *Vieira de Souza*
Human Bomb – preneur d'otages
  Erick *Schmitt*
Hundertwasser (Friedensreich) - peintre
  Friedrich *Stowasser*
Hurricane - boxeur
  Rubin *Carter*
Hurt (Mississippi John) - musicien
  John Smith *Hurt*
Huyot (Jean-Georges) – critique de cinéma
  Georges *Auriol*
Huysmans (Joris-Karl) - écrivain
  Charles-Marie-Georges *Huysmans*
Hyacinthe (Père) – prédicateur
  Hyacinthe *Loyson*

Ice Cube - rappeur
    Jackson *O'Shea*
Iceberg Slim – écrivain
    Robert Lee *Maupin*
Ice-T - rappeur
    Tracy *Marrow*
Idol (Billy) – chanteur
    William *Broad*
Igort – auteur de bande dessinée
    Igor *Tuvieri*
Image (Jean) – cinéaste
    Emerich *Hadju*
Imany – mannequin
    Nadia *Mladjao*
Imothep – rappeur (IAM)
    Pascal *Perez*
Imperio (Pastora) – danseuse
    Pastora *Rojas Monje*
Imperio Argentina – actrice
    Magdalena *Nile del Rio*
Interior (Lux) - chanteur (The Cramps)
    Erick Lee *Purkhiser*
International Velvet - actrice
    Susan *Bottomly*
Ipoustéguy (Jean-Robert) – sculpteur
    Jean *Robert*
Iribe (Paul) - dessinateur
    Paul *Iribarnegaray*
Isco - footballeur
    Francisco Roman *Alarcon Suarez*
Islam (Yussuf) - chanteur
    Steven Demetre *Georgiou*
Isou (Isidore) - écrivain
    Jean-Isidore *Goldstein*

Ivain (Gilles) - politique
    Ivan *Chtcheglov*
Izïa - chanteuse
    Izïa *Higelin*
Izis - photographe
    Israëlis *Bidermanas*

Jabbar (Kareem Abdul) – basketteur
    Ferdinand Lewis *Alcindor*
Jackson (Jackie) – chanteur (The Jackson 5)
    Sigmund Esco *Jackson*
Jackson (Joe) - musicien
    David Ian *Jackson*
Jackson (Sam) – scénariste
    Dalton *Trumbo*
Jackson (Tito) - chanteur (The Jackson 5)
    Toriano Adaryl *Jackson*
Jacky - animateur
    Jacques *Jakubowicz*
Jacky le Mat – parrain du milieu
    Jacques *Imbert*
Jacno – musicien (Stinky Toys)
    Denis *Quilliard*
Jacob (Max) - écrivain
    Maximillien *Alexandre*
Jacques (Les frères) - chanteurs
    André & Georges *Bellec*, François *Soubeyran* & Paul *Tourenne*
Jade (Claude) – actrice
    Claude Marcelle *Jorre*
Jaïn – chanteuse
    Jeanne Louise *Galice*
Jalal – poète
    Jalaluddin Mansur *Nuriddin*
Jamel - humoriste
    Jamel *Debbouze*
James (Brian) - musicien (The Damned)
    Brian *Robertson*
James (Elmore) - musicien
    Elmore *Brooks*

James (Etta) - chanteuse
    Jamesetta *Hawkins*
James (Rick) - musicien
    James Ambrose *Johnson*
James (Skip) – musicien
    Nehemia Curtis *James*
Jamiroquai - chanteur
    Jason *Kay*
Jan (& Dean) - chanteur
    Jan *Berry*
Jangil Callas – chanteur (Electric Callas)
    Jean-Gilles *Posada*
Janine - musicienne
    Françoise *Wald*
Jannings (Emil) - acteur
    Theodor Friedrich Emil *Janenz*
Jansenius - religieux
    Cornelius *Jansen*
Japrisot (Sébastien) - écrivain
    Jean-Baptiste *Rossi*
Jarry – humoriste
    Anthony *Lambert*
Jay-Z – rappeur
    Shawn Corey *Carter*
Jaz – musicien (Killing Joke)
    Jeremy *Coleman*
Jazz Butcher – musicien
    Patrick Guy Sibley *Huntrods*
Jean XXIII – pape
    Angelo Giuseppe *Rocalli*
Jean-Edouard - DJ
    Jean-Edouard *Lippa*
Jeanette - chanteuse
    Janette Anne *Dimech*
Jeanmaire (Zizi) - chanteuse
    Renée Marcelle *Jeanmaire*
Jean-Paul - écrivain
    Johann Paul Friedrich *Richter*
Jean-Paul Ier – pape
    Albino *Luciani*
Jean-Paul II - pape
    Karol Josef *Wojtila*
Jean-Robert – chanteur
    Jean-Robert *Jovenet*

Jello – musicien (Starshooter)
: Jean *Clerc*
Jenifer - chanteuse
: Jenifer Yaël *Dadouche Bartoli*
Jérôme (C.) - chanteur
: Claude *Dhôtel*
Jerome (Jerome K.) - écrivain
: Jerome Klapka *Jerome*
Jesus Christ – musicien (Venom)
: Clive *Archer*
Jett (Joan) – musicienne (The Runaways)
: Joan Marie *Larkin*
Jeunesse (Lucien) – animateur radio
: Lucien *Jennes*
Jihadi John - terroriste
: Mohammed *Emwazi*
Jijé - dessinateur
: Joseph *Gillain*
Jitrois (Jean-Claude) – couturier
: Jean-Claude Edmond *Coste*
Jo le Plombier - personnalité médiatique
: Joseph *Warzelbacher*
Jobriath - chanteur
: Bruce Wayne *Campbell*
Jocko - chanteur
: Philippe *Krutchey*
Joëlle - chanteuse
: Joëlle *Mogensen*
JoeyStarr – rappeur (NTM)
: Didier *Morville*
Joffrin (Laurent) - journaliste
: Laurent *Mouchard*
John (Elton) - musicien
: Reginald Kenneth *Dwight*
Johnny (Charles &) - musicien
: Johnny *Hess*
Johns (Sir John) - musicien
: Andrew *Partridge*
Johnson (Holly) – musicien (Frankie Goes To Hollywood)
: William *Johnson*
Johnson (Lonnie) - musicien
: Alonzo *Johnson*
Johnson (Wilko) – musicien (Dr. Feelgood)
: John *Wilkinson*

Jolie (Angelina) - actrice
    Angelina Jolie *Voight*
Jolson (Al) – chanteur
    Asa *Yoelson*
Jonathan (David &) – chanteur
    Jonathan *Bermudes*
Jones (Brian) - musicien (Rolling Stones)
    Lewis Brian *Hopkin-Jones*
Jones (Christopher) - acteur
    William Frank *Jones*
Jones (John-Paul) – musicien (Led Zeppelin)
    John *Baldwin*
Jones (Keziah) – chanteur
    Olfemi *Sanyaolu*
Jones (Norah) – chanteuse
    Geetali Norah *Jones Shankar*
Jones (Paul) - chanteur (Manfred Mann)
    Paul *Pond*
Jonze (Spike) – cinéaste
    Adam *Spiegel*
Jordan - modèle
    Pamela *Rooke*
Jordy - chanteur
    Jordy *Lemoine*
Jorn (Asger) - peintre
    Asger Oluf *Jorgensen*
Joselito - chanteur
    José *Jimenez Fernandez*
Joselito – torero
    José *Gomez Ortega*
Joselito - torero
    José Miguel *Arroyo Delgado*
Joseph (Père) - religieux
    François *Leclerc du Tremblay*
Joubert (Jacqueline) - journaliste
    Jacqueline Anette Edith *Pierre*
Jourdan (Louis) – musicien
    Louis Robert *Gendre*
Jove (David) – éditeur de musique
    David *Sniderman*
Jovi (Bon) – musicien (Bon Jovi)
    Jon *Bongiovino*
JPK - journaliste
    Jean-Pascal *Couraud*

JR – personnage de feuilleton télévisé
    John Ross *Ewing II*
JR – photographe
    Jean *René*
Juanfran - footballeur
    Juan Francisco *Torres Belen*
Juanito – footballeur
    Juan *Gomez Gonzalez*
Judd (Ashley) – actrice
    Ashley Tyler *Ciminella*
Julien/CDM – dessinateur
    Julien *Solé*
Juliette - chanteuse
    Juliette *Noureddine*
Julliard (Bruno) – homme politique
    Bruno *Julliard-Landau*
Juninho - footballeur
    Antonio Augusta *Ribeiro Reis*

K. (Melle) - chanteuse
    Katerine *Gierak*
Kaaris – rappeur
    Okou Armand *Gnakouri*
Kad (& O.) - humoriste
    Kaddour *Mehrad*
Kael (Michael) – cinéaste
    Benoit *Delépine*
Kafka - humoriste
    Francis *Kuntz*
Kaka - footballeur
    Ricardo Izecson *Dos Santos Leite*
Kamenev - politique
    Lev Davidovitch *Rosenfeld*
Kamini – chanteur
    Kamini *Zantoko*
Kan (Alain) - chanteur
    Alain *Ziza*
Kansas Joe – musicien
    Wilbur *McCoy*
Kaprisky (Valérie) – actrice
    Valérie *Cherès*
Karakos (Jean) – éditeur de musique
    Jean *Georgakarakos*
Kardec (Allan) – fondateur du spiritisme
    Hippolyte Léon Denizard *Rivail*
Karina (Anna) - actrice
    Hanne Karin *Bayer*
Karloff (Boris) - acteur
    William Henry *Pratt*
Karpis (Alvin) - gangster
    Alvin *Karpowicz*
Kashfi (Anna) - actrice
    Johanna *O'Callaghan*
Kasparov (Gary) – joueur d'échecs
    Garik *Weinstein*

Katerine (Philippe) - chanteur
    Philippe *Blanchard*
Kay (John) – chanteur (Steppenwolf)
    Joachim Fritz *Kraudelat*
Kaye (Danny) – acteur
    David Daniel *Kaminsky*
Kazan (Alexandra) – présentatrice télé
    Alexandra Anna Levouna *Kazantsva*
Kazan (Elia) - cinéaste
    Elia *Kazanjoglous*
Keaton (Buster) – acteur
    Joseph Francis *Keaton*
Keaton (Diane) - actrice
    Diane *Hall*
Keaton (Michael) - acteur
    Michael *Douglas*
Keim (Claire) – actrice
    Claire *Lefèvre*
Keïta (Salif) – chanteur
    Salifou *Keïta*
Kelly (Gene) – acteur
    Eugene *Curran*
Kelly (Machine Gun) - gangster
    George Kelly *Barnes*
Kelly (Paul) – gangster
    Paolo Antonio *Vaccarelli*
Ken (Gregory) – chanteur (Chagrin d'Amour)
    Jean-Pierre *Trochu*
Kennealy (Patricia) – journaliste
    Patricia *Kennely*
Kent (Hutchinson) – musicien (Starshooter)
    Hervé *Despesse*
Kenza - animatrice radio
    Kenza *Braïga*
Kenzo – couturier
    Kenzo *Takada*
Ker (Nicolas) - chanteur (Poni Hoax)
    Nicolas *Langlois*
Keren Ann – musicienne
    Keren Ann *Zeidel*
Kerouac (Jack) - écrivain
    Jean-Louis *Lebris de Kerouac*
Kery James – rappeur
    Alix *Mathurin*

Keys (Alicia) – musicienne
    Alicia Augello *Cook*
Khaled – chanteur
    Cheb Hadj-Brahim *Khaled*
Kheiron – humoriste
    Manouchehr *Tabib*
Kick – chanteur (Strychnine)
    Christian *Lissarague*
Kid Congo Powers – musicien (Gun Club)
    Brian *Tristan*
Kid Creole (& the Coconuts) - chanteur
    August *Darnell*
Kid Loco – musicien
    Jean-Yves *Prieur*
Kid Pharaon – chanteur
    Thierry *Duvigneau*
Kid Rock – chanteur
    Robert *Ritchie*
Kidd (Johnny) - musicien
    Frederick *Heath*
Kiddy Smile – chanteur
    Pierre Edouard *Hanffou*
Kiki de Montparnasse - muse
    Alice Ernestine *Prin*
Kilmister (Lemmy) – musicien (Motörhead)
    Ian Fraser *Kilmister*
King (Albert) - musicien
    Albert *Nelson*
King (B.B.) - musicien
    Riley Benjamin *King*
King (Carole) - chanteur
    Carol Joan *Klein*
King (Freddie) - musicien
    Frederick *Christian*
King (Larry) – animateur radio
    Lawrence Harvey *Zeiger*
King (Martin Luther) – militant des droits civiques
    Michael *King*
King Diamond – musicien (Mercyful Fate)
    Kim Bendix *Petersen*
King Tuff – musicien
    Kyle *Thomas*
Kinski (Klaus) - acteur
    Claus *Nakszinski*

Kir (Le Chanoine) – homme politique
    Félix *Kir*
Kirby (Jack) - dessinateur
    Yacov *Kurtzberg*
Kirov – homme politique
    Sergheï Minonovitch *Kostukov*
Kissinger (Henry) – diplomate
    Heinz Alfred *Kissinger*
Kitchener (Lord) – homme politique britannique
    Horatio Herbert *Kitchener*
Kléber (Emilio) – militaire
    Manfred Zalmanovitch *Stern*
Klement (Riccardo) - criminel
    Adolf *Eichmann*
Klotz (Claude) – scénariste
    Patrick *Cauvin*
K-Maro – chanteur
    Cyril *Kamar*
Knievel (Evel) – cascadeur
    Robert Craig *Knievel,* Jr.
Knight (Curtis) – musicien
    Mont Curtis *McNear*
Knight (Suge) - producteur de musique
    Marion *Knight*
Knox (Nick) – musicien (The Cramps)
    Nicholas *Stephanoff*
Kodick – photographe
    Peter *Gravelle*
Koke - footballeur
    Jorge *Resurrecion Merodio*
Koltsov (Mikhaïl) – journaliste
    Mikhaïl Efimovitch *Friedland*
Kool Shen – rappeur (NTM)
    Bruno *Lopez*
Kooper (Al) – musicien
    Alan Peter *Kuperschmidt*
Kopa (Raymond) - footballeur
    Raymond *Kopaziewski*
Korda (Alexandre) – cinéaste
    Sandor Lazslo *Kellner*
Koresh (David) - criminel
    Vernon Wayne *Howell*
Koronel (Hilda) - actrice
    Susan *Reid*

Koudlam - musicien
    Gwenhael *Navarro*
Kramer (Billy J.) - chanteur
    Billy Howard *Ashton*
Krishnamurti - gourou
    Jiddu *Krishnamurti*
Krivitsky (Walter) – homme politique
    Samuel *Ginsberg*
Kruger (Diane) – actrice
    Diane *Heidkrueger*
Kurbos (Tony) - footballeur
    Zvonko *Kurbos*
Kuti (Fela Anikulapo) - musicien
    Olufela Ransome *Kuti*

L'Emir Blanc - religieux
    Abdel Ilat *Al-Dandachi*
L'Entartreur - humoriste
    Noël *Godin*
L'Etrangleur de Boston - criminel
    Albert *De Salvo*
L'Homme aux loups – patient de S. Freud
    Sergueï *Pankejeff*
La Banquière – femme d'affaires
    Marthe *Hanau*
La Bellilote – peintre
    Pauline *Fourès (née Bellisle)*
La Barre (Chevalier de) – victime d'erreur judiciaire
    François-Jean *Lefèbvre*
La Chaise (Le Père) – religieux
    François *d'Aix de La Chaise*
La Chatte – espionne
    Mathilde *Carré (née Bélard)*
La China – mafieuse
    Melissa Margarita *Calderon Ojeda*
La Cicciolina - actrice
    Illona *Staller*
La Dame aux Camélias – personnage de roman
    Marie *Duplessis*
La Fayette - militaire
    Gilbert *du Motier de La Fayette*
La Fouine - rappeur
    Laouni *Mouhid*
La Goulue – danseuse
    Louise *Weber*
La Grande Sophie - chanteuse
    Sophie *Huriaux*
La Hire - militaire
    Etienne *de Vignolles*

La Motte Fifrée (Hubert de) – musicien
(Au Bonheur des Dames)
    Dominique *Esnault*
La Palice - militaire
    Jacques *de Chabannes*
La Pasionaria - femme politique
    Dolorès *Ibarruri Gomez*
La Pérouse – explorateur
    Jean-François *de Galaup*
La Présidente - salonnière
    Joséphine-Aglaë *Savatier*
La Régia – chanteuse
    Renée *Lejeune*
La Rouërie (Marquis de) - militaire
    Armand *Tuffin*
La Roux - chanteuse
    Elly *Jackson*
La Vallière – maîtresse du roi
    Louise *de la Baume le Blanc*
La Varende (Jean de) - écrivain
    Jean-Balthazar *Mallard*
La Veuve Cliquot – femme d'affaires
    Barbe Nicole *Ponsardin*
La Voisin – criminelle
    Catherine *Deshayes Monvoisin*
Lady Di - princesse
    Diana Frances *Spencer*
Lady Gaga - chanteuse
    Stefani Joanne Angelina *Germanotta*
Lafesse (Jean-Yves) - humoriste
    Jean-Yves *Lambert*
Lafont (Henri) - gestapiste
    Henri *Chamberlin*
Lafont (Pauline) – actrice
    Pauline *Medvecsky*
Laforêt (Marie) - chanteuse
    Maïtena Marie Brigitte *Doumenach*
Lagaf' - humoriste
    Vincent *Rouil*
Lagardère (Jean-Luc) – chef d'entreprise
    Jean-Lucien *Lagardère*
Lagerfeld (Karl) – créateur de mode
    Karl Otto *Lagerfeldt*
Lagrange (Valérie) - chanteuse
    Danièle *Charaudeau*

Lahaie (Brigitte) – actrice
    Brigitte *Van Meerhaeghe*
Laine (Denny) – musicien (Moody Blues, Wings)
    Brian Frederick *Hines*
Laine (Frankie) – chanteur
    Frank Paul *Lovecchio*
Lake (Veronica) – actrice
    Constance Mary Frances *Ockelman*
Lalonde (Brice) – homme politique
    Brice *Levy*
Lam (Wilfredo) - peintre
    Wifredo *Lam*
Lama (Serge) - chanteur
    Serge *Chauvier*
Lamarr (Hedy) - actrice
    Hedwig Eva Maria *Kiesler*
Lambert (Christophe) – acteur
    Christophe Guy Denis *Lambert-Lamond*
Lambert (Pierre) – homme politique
    Pierre *Boussel*
Lamour (Dorothy) – actrice
    Marie *Kaumeyer*
Lamy (André) – humoriste
    André *Leveugle*
Langeais (Catherine) – présentatrice télé
    Marie-Louise *Terrasse*
Lanoux (Victor) - acteur
    Victor *Nataf*
Lansky (Meyer) - gangster
    Maier *Suchowljansky*
Lantier (Jack) - chanteur
    André *de Meyer*
Lanza (Mario) – ténor
    Alfredo Arnold *Cocozza*
Lanza del Vasto – philosophe
    Giuseppe *Lanza di Trabia-Branciforte*
Lanzac (Roger) – animateur télé
    Roger *Lanrezac*
Lapointe (Boby) - humoriste
    Robert *Lapointe*
Lara (Catherine) – musicienne
    Catherine Marie-Madeleine *Bodet*
Lardner (Ring) - journaliste
    Ringgold *Lardner*

Larusso – chanteuse
    Laetitia *Serero*
Lasso (Gloria) – chanteuse
    Rosa *Coscolin Figueras*
Latude – prisonnier célèbre
    Jean *Henry*
Laubreaux (Alain) – journaliste collaborationniste
    Alin *Laubreaux*
Laure - écrivain
    Colette *Peignot*
Laure (Odette) – chanteuse
    Odette Yvonne Marie *Dhommée*
Laurel (& Hardy) - acteur
    Arthur Stanley *Jefferson*
Laurent (Jacqueline) – actrice
    Jacqueline Suzanne *Janin*
Lautréamont (Comte de) - poète
    Isidore *Ducasse*
LaVey (Anton) – religieux
    Howard Stanton *LeVey*
Lavil (Philippe) – chanteur
    Philippe *Durand de La Villejegu du Fresnay*
Lavilliers (Bernard) - chanteur
    Bernard *Ouillon*
Lawless (Blackie) – musicien (WASP)
    Steven Edward *Duren*
Lawrence (D. H.) – écrivain
    David Herbert *Lawrence*
Lawrence d'Arabie - écrivain
    Thomas Edward *Lawrence*
Lawrence The Alien – musicien (Gong)
    Laurie *Allen*
Lazare (Bernard) – homme politique
    Lazare *Bernard*
Lazlo (Viktor) - chanteuse
    Sonia *Dronier*
Lazy Lester – musicien
    Leslie *Johnson*
Le Baron Rouge - militaire
    Manfred *Von Richthofen*
Le Breton (Auguste) - écrivain
    Auguste *Montfort*

Le Caravage - peintre
    Michelangelo *Merisi*
Le Carré (John) - écrivain
    David *Cornwell*
Le Chanois (Jean-Paul) - cinéaste
    Jean-Paul *Dreyfus*
Le Chanteur Sans Nom - chanteur
    Roland *Avellis*
Le Cid - chevalier
    Rodrigo *Diaz de Vivar*
Le Corbusier - architecte
    Charles-Edouard *Jeanneret-Gris*
Le Forestier (Maxime) – chanteur
    Bruno Jean Bernard *Le Forestier*
Le Gloupier - humoriste
    Noël *Godin*
Le Greco - peintre
    Dhominikos *Theotokopoulos*
Le Lorrain - peintre
    Claude *Gellée*
Le Marchand (Karine) – animatrice télé
    Karine *Mfayokurera*
Le Mexicain – mafieux
    José Gonzalo *Rodriguez Gacha*
Le Pen (Janny) – femme de J.-M. Le Pen
    Jeannine *Le Pen* (née *Paschos*)
Le Pen (Jean-Marie & Marine) – politiques
    Jean & Marion *Le Pen*
Le Pérugin – peintre
    Pietro *Vannucci*
Le Prince Noir – prince de Galles et homme de guerre
    Edward *de Woodstock*
Le Tasse – poète
    Torquato *Tasso*
Le Tintoret - peintre
    Jacopo *Robusti*
Le Vigan (Rober) - acteur
    Robert *Coquillaud*
Leadbelly - musicien
    Huddie Williams *Leadbetter*
Leandros (Vicky) – chanteuse
    Vassiliki *Papathanasiou*
Lear (Amanda) - chanteuse
    Amanda *Tapp*

Lebeau (Narcisse) – journaliste
Vital *Hocquet*
Lec (Stanislas Jerzy) – poète
Stanislaw Jerzy *de Tusch-Letz*
Leclerc (Ginette) – actrice
Geneviève *Menut*
Leclerc (Maréchal) - militaire
Philippe Marie *de Hauteclocque*
Leconte de Lisle - poète
Charles-Marie *Leconte*
Lecoq (Yves) – humoriste
Yves *Lecoquière de La Vigerie*
Lecouvreur (Adrienne) – comédienne
Adrienne *Couvreur*
Ledoyen (Virginie) – actrice
Virginie *Fernandez*
Ledru-Rollin – homme politique
Alexandre-Auguste *Ledru*
Lee (Alvin) – musicien (Ten Years After)
Graham *Barnes*
Lee (Arthur) – musicien (Love)
Arthur Taylor *Porter*
Lee (Brenda) – chanteuse
Brenda Mae *Tarpley*
Lee (Bruce) - acteur
Lee Yeun *Fam*
Lee (Christopher) - acteur
Christopher Frank *Carandini Lee*
Lee (Cindy) – Strip-teaseuse
Isabelle *Laeng*
Lee (Michael) – musicien (Thin Lizzy)
Michael Gary *Pearson*
Lee (Peggy) – chanteuse
Norma Jean *Egstrom*
Lee (Spike) - cinéaste
Shelton Jackson *Lee*
Lee (Tommy) – musicien (Mötley Crüe)
Tommy *Thomas*
Lefèvre (René) – acteur
René Paul Louis *Lefèbvre*
Lefrançais – anarchiste
Adolphe Gustave *Lefrançois*
Legendary Tiger Man (The) – musicien
Paulo *Furtado*

Léger (Jack-Alain) - écrivain
> Daniel *Théron*

Leigh (Janet) – actrice
> Jeanette Helen *Morrison*

Leigh (Vivien) - actrice
> Vivian *Hartley*

Lemaire (Georgette) – chanteuse
> Georgette *Kibler*

Lemarque (Francis) - chanteur
> Nathan *Korb*

Lempicka (Lolita) - styliste
> Josyane Maryse *Pividal*

Lénine - homme politique
> Vladimir Illitch *Oulianov*

Lennon (Julian) - chanteur
> John Charles Julian *Lennon*

Lenorman (Gérard) – chanteur
> Gérard Christian Eric *Lenormand*

Lenotre (G.) – historien
> Louis Léon Théodore *Gosselin*

Léo (André) - féministe
> Victoire Léodile *Champseix* (née *Bréa*)

Léonard (Herbert) - chanteur
> Hubert *Löehnardt*

Lepers (Julien) – animateur télé
> Ronan *Lepers*

Lepke (Louis) - gangster
> Louis *Buchalter*

Leroy (JT) - écrivain
> Laura *Albert*

Leroy (Nolwenn) – chanteuse
> Nolwenn *Le Magueresse*

Leval (Gaston) - homme politique
> Pierre Robert *Piller*

Levegh (Pierre) – pilote automobile
> Pierre Eugène Alfred *Bouillin*

Lévi (Eliphas) - occultiste
> Alphonse-Louis *Constant*

Lewis (Carl) - sprinter
> Frederick Carlton *McHinley*

Lewis (Jerry) - acteur
> Joseph *Levitch*

Liberace - chanteur
> Wladziu Valentino *Liberace*

Libertad – militant anarchiste
   Joseph *Albert*
Lightnin' Hopkins – musicien
   Samuel *Hopkins*
Linder (Max) – cinéaste
   Gabriel Maximilien *Leuvielle*
Lindon (Raymond) - magistrat
   Raymond *Lindenbaum*
Linus - dessinateur
   Pierre *Christin*
Lio - chanteuse
   Wanda Maria *Ribeiro Furtado Tavares de Vasconcelos*
Lisi (Virna) – actrice
   Virna *Pieralisi*
Lister (Enrique) – militant communiste
   Enrique *Lister Forjan*
Liston (Sonny) - boxeur
   Charles *Liston*
Little Bob – chanteur (Little Bob Story)
   Roberto *Piazza*
Little Eva - chanteuse
   Eva Narcissus *Boyd*
Little Junior Parker – musicien
   Junior *Parker*
Little Richard - chanteur
   Richard Wayne *Penniman*
Little Walter – musicien
   Marion Walter *Jacobs*
Litwak (Anatole) – cinéaste
   Michael Anatole *Lutwak*
LL Cool J - rappeur
   James Todd *Smith* III
Loana – personnage de télé-réalité
   Loana *Petrucciani*
Lobau (Comte de) – militaire
   Georges *Mouton*
Logan (Dany) - chanteur
   Daniel *Deshayes*
Logic (Lora) – musicienne (X-Ray Spex)
   Susan *Whitby*
Lombard (Carole) - actrice
   Jane Alice *Peters*
London (Jack) - écrivain
   John *Chaney*

London (Julie) - chanteuse
    Julie *Peck*
Long Chris - chanteur
    Christian *Blondiau*
Long Gone John – entrepreneur
    John Edward *Mermis*
Lonsdale (Michael) – acteur
    Michael Edward *Lonsdale Crouch*
Lord Kossity – musicien
    Thierry *Moutoussamy*
Lords (Traci) – actrice
    Nora *Kuzma*
Loren (Sophia) - actrice
    Sophia *Villani Scicolone*
Lorie - chanteuse
    Laure *Pester*
Lorrain (Jean) - écrivain
    Paul Alexandre Martin *Duval*
Lorre (Peter) - acteur
    Laszlo *Löwenstein*
Lorulot (André) – militant anarchiste
    Georges André *Roulot*
Loti (Pierre) - écrivain
    Julien *Viaud*
Louane (Emera) – chanteuse
    Anne *Peichert*
Louis II de Bavière - roi
    Ludwig Otto Friedrich Wilhelm *Von Wittelsbach*
Louvois – homme d'Etat
    François Michel *Le Tellier*
Louÿs (Pierre) - écrivain
    Pierre Félix *Louis*
Love (Courtney) – musicienne (Hole)
    Courtney Michelle *Harrison*
Love (Darlene) - chanteuse
    Darlene *Wright*
Love (Gunther) – personnage de théâtre
    Sylvain *Quimène*
Love (Vagner) - footballeur
    Vagner *Silva de Souza Nascimento*
Lovecraft (H. P.) – écrivain
    Howard Phillips *Lovecraft*
Lovelace (Linda) – actrice
    Linda *Boreman*

Lovich (Lene) - chanteuse
    Lili-Marlène *Premilovich*
Loy (Mina) – poètesse
    Mina Gertrüde *Löwry*
Loy (Myrna) - actrice
    Katerina Myrna Adele *Williams*
Luchaire (Corinne) - actrice
    Rose-Anita *Luchaire*
Luchini (Fabrice) - acteur
    Robert *Luchini*
Lucho - footballeur
    Luis Oscar *Gonzalez*
Luciano (Charles "Lucky") - gangster
    Salvatore *Lucania*
Lucy In the Sky With Diamonds – personnage de chanson
    Lucy *O'Donnell*
Lüger (Pat) – musicien (Métal Urbain)
    Patrick *Boulanger*
Lugné-Poe – directeur de théâtre
    Aurélien *Lugné*
Lugosi (Bela) - acteur
    Bela Ferenc *Dezsö Blasko*
Lukacz (Général) - militaire
    Mate *Zalka*
Lula – homme politique
    Luis Ignacio *Da Silva*
Lulu - chanteuse
    Marie *McDonald Lawrie*
Lulu (Charly &) - animateur
    Marc *Lubin*
Lumumba (Patrice) – homme politique
    Isaïe *Tassumbu*
Lunch (Lydia) - chanteuse
    Lydia *Koch*
Lustiger (Jean-Marie) - religieux
    Aaron *Lustiger*
Lux (Guy) – animateur télé
    Maurice *Guy*
Luxemburg (Rosa) – femme politique
    Rosa *Luksemburg*
Luz - dessinateur
    Reynald *Luzier*
Lysis - publiciste
    Emile Eugène *Letailleur*

M - musicien
  Mathieu *Chedid*
M.I.A. - chanteuse
  Mathanghi *Arulpragasam*
Maar (Dora) - photographe
  Henriette Théodora *Markovitch*
MacDowell (Andie) – actrice
  Rosalie Anderson *MacDowell-Qualley*
Machiavel - écrivain
  Niccolo *Machiavelli*
Macias (Enrico) - chanteur
  Gaston *Ghrenassia*
Mack (Lonnie) - musicien
  Lonnie *McIntosh*
Mac-Keat - écrivain
  Auguste *Maquet*
MacLaine (Shirley) – actrice
  Shirley *Beatty*
Mac-Nab - écrivain
  Maurice *Mac-Nab*
Mac-Orlan (Pierre) - écrivain
  Pierre *Dumarchey*
Madiran (Jean) - écrivain
  Jean-Louis *Lagor*
Madonna - chanteuse
  Louise Veronica *Ciccone*
Madou (Cora) – chanteuse
  Jeanne *Odaglia*
Maé (Christophe) – chanteur
  Christophe *Martichon*
Magdane (Roland) – humoriste
  Roland *Magdanski*

Magellan – explorateur
   Fernao *de Magalhaes*
Magic Alex – ingénieur du son
   Yanni Alexis *Mardas*
Magic Dick – musicien (J. Geils Band)
   Richard *Salwitz*
Magic Johnson – basketteur
   Earvin *Johnson*
Magic Sam - musicien
   Samuel *Maghett*
Magicien de Monte-Carlo (Le) – homme d'affaires
   François *Blanc*
Magloire – acteur
   Magloire *Delcros Varaud*
Magloire (Le Père) – personnage historique
   François *Bègue*
Magnotta (Luka Rocco) - criminel
   Eric Clinton *Newman*
Magre (Judith) – actrice
   Simone *Dupuis*
Mahal (Taj) - musicien
   Henry *Fredericks*
Maharishi Mahesh Yogi - gourou
   Mahesh *Srivastava* (ou Prasad *Varma*)
Mahjun (Jean-Louis) – musicien
   Jean-Louis *Lefebvre*
Maine de Biran - philosophe
   François-Pierre *Gontier*
Maïté – animatrice télé
   Marie-Thérèse *Ordoñez*
Maitrejean (Rirette) – militante anarchiste
   Anna-Henriette *Estorges*
Maïwenn - cinéaste
   Maïwenn *Le Besco*
Majax (Gérard) – prestidigitateur
   Gérard *Faier*
Majors (Lee) – acteur
   Harvey Lee *Yeary*
Makhno (Nestor) – révolutionnaire anarchiste
   Nestor Ivanovitch *Miknienko*
Malaparte (Curzio) - écrivain
   Kurt *Suckert*
Malden (Karl) - acteur
   Mladen *Sekulovich*

Malesherbes – homme d'Etat
    Chrétien Guillaume *de Lamoignon de Malesherbes*
Mallarmé (Stéphane) - poète
    Etienne *Mallarmé*
Mallet-Joris (Françoise) - écrivain
    Françoise *Lilar*
Malone (Dorothy) - actrice
    Dorothy *Maloney*
Mama Cass – chanteuse (The Mama's & Papa's)
    Ellen Naomi *Cohen*
Mami (Cheb) – chanteur
    Mohammed *Khelifati*
Manda - bandit
    Joseph *Pleigneur*
Mandel (Georges) – homme politique
    Georges *Rothschild*
Mandela (Nelson) – homme politique
    Rolihlahla *Mandela*
Mani – musicien (The Stone Roses)
    Gary *Mounfield*
Manitas de Plata – musicien
    Ricardo *Baliardo*
Manitoba ("Handsome" Dick) – chanteur (The Dictators)
    Richard *Blum*
Manjoué (Gérard) – musicien (Au Bonheur des Dames)
    Yves-Antoine *Spoto*
Mann (Anthony) - cinéaste
    Emil Anton *Bundmann*
Mann (Manfred) – musicien (Manfred Mann)
    Manfred Sepse *Lubowitz*
Manolete - torero
    Manuel Laureano *Rodriguez Sanchez*
Manolo – sculpteur
    Manuel *Hugué*
Manolo - supporter
    Manuel *Caceres Artesero*
Manouche – maîtresse de Paul Carbone
    Germaine *Germain*
Mansfield (Jane) – actrice
    Vera Jane *Palmer*
Manson (Jeane) – chanteuse
    Jean Ann *Manson*

Manson (Marilyn) - chanteur
  Brian Hugh *Warner*
Mansouret (Anne) - journaliste
  Anne *Mansoureh*
Mansuy (Jean) – milicien collaborationniste
  Maurice *Solnlen*
Mantas – musicien (Venom)
  Jeffrey *Dunn*
Manzanera (Phil) – musicien (Roxy Music)
  Philipp Targett *Adams*
Manzarek (Ray) – musicien (The Doors)
  Raymond Daniel *Manczarek*
Manzor (René) – cineaste
  René *Lalanne*
Marais (Jean) - acteur
  Jean Alfred *Villain-Marais*
Marbot (Rolf) - compositeur
  Albrecht *Marcuse*
Marceau (Félicien) – écrivain
  Louis *Carette*
Marceau (Le Mime) - mime
  Marcel *Mangel*
Marceau (Sophie) - actrice
  Sophie Danièle Sylvie *Maupu*
March (April) - chanteuse
  Elinor *Blake*
March (Jane) - actrice
  Jane *Harwood*
Marchal (Georges) - acteur
  Georges Louis *Lucot*
Marchand (Corinne) - actrice
  Denise Marie Renée *Marchand*
Marcia (« Marcia Baila ») – personnage de chanson
  Marcia *Moretto*
Marciano (Rocky) – boxeur
  Rocco Francis *Marchegiano*
Marc'O – cinéaste
  Marc-Gilbert *Guillaumin*
Marconi (Lana) – actrice
  Ecaterina Ileana *Marcovici*
Marcos (Sous-Cdt) – militant altermondialiste
  Rafael Sebastian *Guillen Vicente*
Marcus Keef – designer
  Keith Stuart *MacMillan*

Mardel (Guy) – chanteur
  Mardochée *Elkoubi*
Marèse (Janie) - actrice
  Jeanne Marie Thérèse *Bugnot*
Margot (La Reine) – reine
  Marguerite *de Valois*
Maria la Libertaire – militante anarchiste
  Maria *Silva Cruz*
Mariam (Amadou &) – chanteuse
  Mariam *Doumbia*
Mariano (Luis) - chanteur
  Mariano Eusebio *Gonzalez y Garcia*
Marie (& Les Garçons) - musicienne
  Marie *Girard*
Marie (Romain) - écrivain
  Bernard *Antony*
Marie la Belge – militante anarchiste
  Marie *Vuillemin*
Marie-France - chanteuse
  Marie-France *Garcia*
Marie-Antoinette – reine
  Maria Antonia *de Habsbourg Lorraine*
Marinetti (Felipe Tomaso) - écrivain
  Felipe Achille Emilio *Marinetti*
Marisol – chanteuse et actrice
  Josefa *Flores Gonzalez*
Marivaux - écrivain
  Pierre *Carlet de Chamblain de Marivaux*
Marjane (Léo) - chanteuse
  Thérèse Marie Léonie *Gendebien*
Marker (Chris) - cinéaste
  Christian-François *Bouche-Villeneuve*
Marley (Bob) – chanteur
  Robert Nesta *Marley*
Marley (Rita) – choriste (The Wailers)
  Rita *Anderson*
Marni (Jean) – écrivaine
  Jeanne Marie Françoise *Marnière*
Marquinhos - footballeur
  Marcos *Aoas Correa*
Marr (Johnny) - musicien (The Smiths)
  John Martin *Maher*
Mars (Bruno) – chanteur
  Peter Eugene *Hernandez*

Mars (Mademoiselle) - actrice de théâtre
    Anne-Françoise *Boutet*
Mars (Mick) – musicien (Mötley Crüe)
    Robert *Deal*
Marsa (Line) – chanteuse
    Anneta Giovanna *Maillard*
Marshall (Tonie) – cineaste
    Anthony-Lee Caroline Julie *Marshall*
Martel (Charles) – personnage historique
    Charles *de Herstal*
Martha (& the Vandellas) - chanteuse
    Martha *Reeves*
Martin (Dean) - chanteur
    Dino *Crocetti*
Martin (Ricky) – chanteur
    Enrique Martin Junior *Morales*
Martin du Nord (Nicolas) – homme politique
    Nicolas-Ferdinand-Marie-Louis *Martin*
Martino (Tata) – entraîneur sportif
    Gerardo *Martino*
Martoune - proxénète
    Marguerite Marthe *LeMestre*
Martov (Julius) – homme politique
    Yuli Ossipovitch *Tsederbaum*
Martyn (John) - musicien
    Iain David *McGeachy*
Marx (Chico, Harpo, Groucho, Zeppo & Gummo) - acteurs
    Léonard, Adolph, Julius Henry, Herbert & Milton *Marx*
Marx Dormoy – homme politique
    René *Marx Dormoy*
Mary (Peter, Paul & Mary) - chanteuse
    Mary *Travers*
Maryse – animatrice radio
    Maryse *Gildas* (née *Matuchet*)
Masaccio - peintre
    Tommaso *Di Ser Giovanni Di Mone Cassai*
Masuy (Christian) – gestapiste
    Georges *Delfanne*
Mata Hari - espionne
    Margaretha Geertruida *Zelle*
Mathy (Mimie) – actrice
    Michèle *Mathy*

Matthau (Walter) - acteur
    Walter *Matuschanskayasky*
Maulnier (Thierry) - écrivain
    Jacques Louis *Talagrand*
Maurane - chanteuse
    Claudine *Luypaerts*
Maurois (André) - écrivain
    Emile *Herzog*
May (Mathilda) – actrice
    Karin *Haïm*
Mayol de Lupé (Monseigneur) - collaborateur
    Jean de *Mayol*
Mazarin – homme d'Etat
    Guilio *Mazzarini*
MC Hammer - rappeur
    Stanley Kirk *Burrell*
MC Jean Gab'1 - rappeur
    Charles *M'Bouss*
Mc Laine (Shirley) - actrice
    Shirley *Beatty*
MC Solaar - rappeur
    Claude *M'Barali*
MCA – rappeur (Beastie Boys)
    Adam *Yauch*
McGear (Mike) – chanteur (The Scaffold)
    Peter Michael *McCartney*
McGhee (Brownie) - musicien
    Walter *McGhee*
McGuinn (Roger) – musicien (The Byrds)
    James Joseph *McGuinn* III
McGurn (Jack) – gangster
    James *Demora*
McKenzie (Scott) - chanteur
    Philip Wallach *Blondheim*
Mc-Laren (Malcolm) – manager musical
    Malcolm Robert Andrew *Edwards*
McNeil (David) – chanteur
    David *Chagall*
McTell (Blind Willie) - musicien
    William Samuel *McTear*
McTorius (Clit) – musicien (The Jimi Hendrix Experience)
    Noël *Redding*
Meatloaf - chanteur
    Marvin Lee *Aday*

Médine – rappeur
    Médine *Zaouiche*
Mehdi – acteur
    Mehdi *El Mezouari El Glaoui*
Meher Baba – gourou
    Merwan Sheriar *Irani*
Meir (Golda) - femme politique
    Goldie *Mabovitz-Myerson*
Melanchthon - religieux
    Philipp *Schwarzerd*
Melanie – chanteuse
    Melanie *Safka*
Melmoth (Sébastien) – écrivain
    Oscar *Wilde*
Melody's Echo Chamber – musicienne
    Melody *Prochet*
Melua (Katie) – chanteuse
    Ketevan *Meloua*
Melville (Jean-Pierre) - cinéaste
    Jean-Pierre *Grumbach*
Memphis Minnie - musicienne
    Elisabeth *Douglas*
Memphis Slim - musicien
    John Len *Chatman*
Mercadier (Marthe) – actrice
    Marthe Henriette Fernande *Mercadié-Meyrat*
Mercator – mathématicien
    Gérard *de Kremer*
Mercier (Louis) – militant libertaire
    Charles *Cortvrint*
Mercier (Michèle) – actrice
    Jocelyne Yvonne Renée *Mercier*
Mercier-Descloux (Lizzy) - chanteuse
    Martine-Elisabeth *Mercier*
Mercury (Freddy) – chanteur (Queen)
    Farrokh Pluto *Bulsara*
Méril (Macha) – actrice
    Marie-Madeleine *Gagarine*
Mermeix – journaliste
    Gabriel *Terrail*
Mesparrow - chanteuse
    Marion *Gaume*
Messmer – hypnotiseur
    Eric *Normandin*

Meulen (Ever) - dessinateur
>Eddy *Vermeulen*
Mezzrow (Mezz) - musicien
>Milton *Mezzrow*
MHD – rappeur
>Mohamed *Sylla*
Michael (Frank) - chanteur
>Franco *Gabelli*
Michael (George) - chanteur
>Georgios Kyriacos *Panayiotou*
Michaël (Jean-François) – chanteur
>Yves *Roze*
Michael X – militant des droits civiques
>Michael *Abdul Malik*
Michel (Louise) – militante anarchiste
>Clémence Louise *Michel*
Michel - footballeur
>José Miguel *Gonzalez Martin Del Campo*
Michel-Ange – peintre
>Michelangelo *Buonarotti*
Michou – directeur de cabaret
>Michel *Catty*
Mickey 3D - musicien
>Mickaël *Furnon*
Mido - footballeur
>Ahmed Hossam Hussein *Abdelhamid*
Mika - chanteur
>Michael Holbrook *Penniman*
Mike D – rappeur (Beastie Boys)
>Michael *Diamond*
Miles (Vera) - actrice
>Vera *Ralston*
Millau (Gault &) – gastronome
>Christian *Dubois-Millot*
Milligan (Spike) - humoriste
>Terrence Alan Patrick Sean *Milligan*
Milly - actrice
>Emilienne *Tomasini*
Milord l'Arsouille – personnage historique
>Charles *de la Battut*
Milton (Georges) - chanteur
>Georges *Michaud*
Mimi – designer
>Michel *Gross*

Mimoun (Alain) – coureur de fond
    Okacha *Mimoun*
Minck (Paule) – militante féministe
    Paulina *Minkarska*
Minet (Bernard) – chanteur
    Bernard *Wantier*
Miossec - chanteur
    Christophe *Miossec*
Miou-Miou - actrice
    Sylvette *Herry*
Mirabeau – homme politique
    Honoré-Gabriel *Riqueti de Mirabeau*
Mireille - chanteuse
    Mireille *Berl* (née *Hartuch*)
Mirwais – musicien (Taxi Girl)
    Mirwais *Ahmadzaï*
Mishima (Yukio) - écrivain
    Kimitake *Hiraoka*
Miss Christine, Lucy, Mercy, Pamela, Sandra & Sparky - groupies (The GTO's)
    Christine *Frka,* Lucy *Offerall,* Mercy *Fontentot,* Pamela *Des Barres,* Sandra *Leano* & Linda Sue *Parker*
Miss Kittin - DJ
    Caroline *Hervé*
Missy – personnage historique
    Mathilde *de Morny*
Mistinguett - chanteuse
    Jeanne *Bourgeois*
Mitchell (Eddy) - chanteur
    Claude *Moine*
Mitchell (Joni) – musicienne
    Roberta Joan *Anderson*
Mitchell (Margaret) – écrivain
    Margaret *Munnerlyn*
Mitchell (Mitch) – musicien (The Jimi Hendrix Experience)
    John *Mitchell*
Mitry (Jean) – critique de cinéma
    Jean René Pierre *Goetgheluck Le Rouge Tillard des Acres Presfontaines*
Moati (Serge) – journaliste
    Henry Haïm *Moati*

Mobutu (Joseph-Désiré) – homme d'Etat
    Mobutu Sese Seko Kuku Ngbendu wa Za Banga
Moby - musicien
    Richard *Melville Hall*
Mocky (Jean-Pierre) – cinéaste
    Jean-Paul *Mokiejewski*
Modesto (Juan) – commandant militaire
    Juan *Guilloto Leon*
Moebius - dessinateur
    Jean *Giraud*
Moineau (La môme) - chanteuse
    Lucienne Suzanne *Dhotelle*
Moïse (David) - gourou
    David *Brandt Berg*
Molière – dramaturge
    Jean-Baptiste *Poquelin*
Momus – musicien
    Nick *Currie*
Mona Lisa - actrice
    Gloria *Yatco*
Mona Lisa – personnage historique
    Madonna Lisa *Gherardini*
Monck (Chip) – designer et éclairagiste
    Edward Beresford *Monck*
Mondrian (Piet) – peintre
    Pieter Cornelis *Mondriaan*
Mondy (Pierre) – acteur
    Pierre *Cuq*
Monroe (Marylin) - actrice
    Norma Jean *Mortenson Dougherty Baker*
Monsieur Poulpe - humoriste
    Benjamin *Jacquemart*
Monsieur X – escroc
    Patrice *des Moutis*
Montaigne – philosophe
    Michel *Eyquem*
Montand (Yves) - acteur
    Ivo *Livi*
Montéhus - chansonnier
    Gaston Mordachée *Brunschwig*
Montes (Lola) - danseuse
    Marie Dolores Elizabeth Rosanne *Gilbert*

Montespan (Marquise de) - favorite
> Françoise Athénaïse *de Rochechouart*

Montesquieu - philosophe
> Charles-Louis *de Secondat*

Montfort (Silvia) – actrice de théâtre
> Silvia *Fabre-Bertin*

Montiel (Sara) - actrice
> Maria Antonia Isidora Elpidia *Abad Fernandez*

Monty - chanteur
> Jacques *Bulostin*

Moon (Sun Myung) - religieux
> Yung Myung *Moon*

Moondog – musicien
> Louis Thomas *Hardin* Jr.

Moor (Lova) - chanteuse
> Marie-Claude *Jourdain*

Moore (Demi) – actrice
> Demetria Gene *Guynes*

Moore (Julianne) – actrice
> Julie Anne *Smith*

Moore (Marcel) – illustratrice
> Suzanne *Malherbe*

Mooseman – musicien (Body Count)
> Lloyd *Roberts*

Moped (Johnny) - chanteur
> Paul *Halford*

Moravia (Alberto) – écrivain
> Alberto *Pincherle*

Mordillo – dessinateur
> Guillermo *Mordillo*

Moréas (Jean) - écrivain
> Yannis *Papadiamantopoulos*

Moreno (Marguerite) - actrice
> Marguerite *Monceau*

Moreno (Muriel) – chanteuse (Niagara)
> Muriel *Laporte*

Morgan (Michèle) - actrice
> Simone Renée *Roussel*

Morgane (Clara) - actrice
> Emmanuelle Aurélie *Munoz*

Morin (Edgar) – sociologue
> Edgar *Nahoum*

Morlay (Gaby) - actrice
> Blanche Françoise *Fumoleau*

Mornard (Jacques) – militant communiste
  Ramon *Mercader*
Morny (Duc de) – homme politique
  Charles Auguste Louis *Demorny*
Morris - dessinateur
  Maurice *de Bevere*
Morrissey – chanteur (The Smiths)
  Steven Patrick *Morrissey*
Morton (Jelly Roll) – musicien
  Ferdinand Joseph *La Menthe*
Morton (Rockette) – musicien (Cpt. Beefheart
                    & The Magic Band)
  Mark *Boston*
Morton (Shadow) – producteur de musique
  George *Morton*
Mosca (Arsène) - humoriste
  Hassan *Meddad*
Mosey - DJ
  Pierre *Sarkozy*
Most (Mickie) - producteur de musique
  Michael *Hayes*
Mouffe - actrice
  Claudine *Monfette*
Mouloud – animateur télé
  Mouloud *Achour*
Mouna (Aguigui) – clochard/philosophe
  André *Dupont*
Moundir – personnage de télé-réalité
  Moundir *Zoughari*
Mounet (Paul) – acteur de théâtre
  Jean-Paul *Sully*
Mounet-Sully – acteur de théâtre
  Jean *Sully*
Mountbatten (Lord) - militaire
  Louis Francis Albert Nicholas *Battenberg*
Mouskouri (Nana) – chanteuse
  Joanna *Mouschouri-Petsilas*
Moustache - musicien
  François-Alexandre *Galépides*
Moustaki (Georges) - chanteur
  Giuseppe *Mustacchi*
Moustic (Jules-Edouard) - humoriste
  Christian *Borde*
Moustique - chanteur
  Michel *Grégoire*

Mozart (Wolfgang Amadeus) – compositeur
    Johannes Chrysostomus Wolfgangus Theophilus *Mozart*
Mr. T. – acteur
    Lawrence *Tureaud*
Muni – actrice
    Marguerite *Dupuy*
Muni (Paul) - acteur
    Muni *Weisenfreud*
Murat (Jean-Louis) - chanteur
    Jean-Louis *Bergheaud*
Murnau (Frederich Wilhelm) - cinéaste
    Frederich Wilhelm *Plumpe*
Murray the K. - animateur radio
    Murray *Kaufmann*
Musidora – actrice
    Jeanne *Roques*
Mutti (Ornella) - actrice
    Francesca Romana *Rivelli*
Myriam (Marie) – chanteur
    Myriam *Lopes Elmosnino*

Naast (Gustave) – musicien (Naast)
    Gustave *Rambali*
Nabe (Marc-Edouard) - écrivain
    Alain *Zannini*
Nabilla – personnalité médiatique
    Nabilla *Benattia*
Naceri (Samy) – acteur
    Saïd *Naceri*
Nacho – footballeur
    José Ignacio *Fernandez Iglésias*
Nadar - photographe
    Gaspard Félix *Tournachon*
Nadja - muse
    Léona Camille Guilaine *Delcourt*
Nagui – animateur télé & radio
    Nagui *Fam*
Name (Billy) - photographe
    William *Linich* Jr.
Nat (Marie-Josée) - actrice
    Marie-Josée *Benhalassa*
Nataf (Mallaury) - actrice
    Marie-Laurence *Nataf*
Natan (Bernard) – producteur de cinema
    Bernard *Tanenzapf*
Natasha – chanteuse (A. S. Dragon)
    Natasha *Lejeune*
Nawfel - musicien
    Nawfel *Hermi*
Necrobutcher – musicien (Mayhem)
    Jorn *Stubberud*
Neeson (Liam) – acteur
    William John *Neeson*
Nekfeu – rappeur
    Ken *Samaras*

Nelson (Baby Face) – gangster
    Lester Joseph *Gillis*
Nene - footballeur
    Anderson Luis *de Carvalho*
Néplin (Jean) - musicien
    Philippe *Glémée*
Nero (Franco) - acteur
    Franco *Spartanero*
Néron - empereur
    Lucius Domitius *Ahenobarbus*
Neruda (Pablo) - poète
    Ricardo Eliecer Neftali *Reyes Basoalto*
Nerval (Gérard de) - poète
    Gérard *Labrunie*
Nevski (Alexandre) – militaire
    Alexsandre *Iaroslavitch*
Newton (Helmut) - photographe
    Helmut *Neustaedter*
Neymar - footballeur
    Neymar *Da Silva Santos Junior*
Ngijol (Thomas) - humoriste
    Bienvenue *Ngijol*
Nichols (Mike) - cinéaste
    Michael Igor *Peschkowsky*
Nicholson (Jack) - acteur
    John *Nicholson*
Nico - chanteuse
    Christa *Päffgen* (née *Pavolsky*)
Nicolai (Elena) – cantatrice
    Elena *Stojanka Savova Nikolova*
Nicolas II – tsar
    Nikolaï Alexsandrovitch *Romanov*
Nicoletta - chanteuse
    Nicole *Grisoni*
Nicolo – compositeur
    Nicolas *Isouard*
Nidal (Abou) - homme politique
    Sabri Khalil *Al-Banna*
Nieve (Steve) – musicien (Elvis Costello & The Attractions)
    Steven *Nason*
Nimeño II - torero
    Christian *Montcouquiol*
Nimier (Roger) - écrivain
    Roger *Nimier de la Perrière*

Ninas - criminel
   Emile *Leclerc*
Nitzsche (Jack) – producteur de musique
   Bernard Alfred *Nitzsche*
Noa – chanteuse
   Achinoam *Nini*
Noailles (Anna de) - poètesse
   Anna-Elisabeth *de Noailles* (née *Bibesco Bassaraba de Brancovan*)
Nobel (Chantal) – actrice
   Chantal Denise *Bonneau*
Noël (Magali) - actrice
   Magali Noëlle *Guiffrais*
Noël-Noël - acteur
   Lucien Edouard *Noël*
Noguerra (Helena) - chanteuse
   Helena *de Vasconcelos*
Nohain (Jean) - animateur radio
   Jean-Marie *Legrand*
Noir (Victor) - journaliste
   Yvan *Salmon*
Nolan (Jerry) – musicien (New-York Dolls)
   Gerald *Nolan*
Nolde (Emil) - peintre
   Emil *Hansen*
Nomi (Klaus) - chanteur
   Niklaus *Sperber*
Noor – reine de Jordanie
   Lisa *Halaby*
Norge (Géo) - poète
   Georges *Mogin*
Norris (Chuck) - acteur
   Carlos Raymond *Norris*
Nostradamus - astrologue
   Michel *de Nôtredame*
Notorious B.I.G. - rappeur
   Christopher *Wallace*
Novak (Kim) – actrice
   Marilyn Pauline *Novak*
Novalis – poète
   Friedrich Georg Philipp *Von Hardenberg*
Novarro (Ramon) - acteur
   Juan Ramon *Gil Samaniego*
Novembre (Tom) - chanteur
   Jean-Thomas *Couture*

Noviz (Körin) - chanteuse
: Körin *Ternovtseff*
Novoselic (Krist) – musicien (Nirvana)
: Christopher *Novoselic*
Numan (Gary) - musicien
: Gary Anthony James *Webb*
(Number) 1, 2, 3, 4, 5, 6 & 7 - musiciens (Slipknot)
: Joey *Jordison*, Paul *Gray*, Christopher *Fehn*, James *Root*, Craig Alan *Jones*, Shawn *Crahan* & Michael *Thompson*
Nurmi (Maila) – actrice
: Maila Elizabeth *Syrjäniemi*

O (Anna) – militante féministe
    Bertha *Pappenheim*
O (Kad &) - humoriste
    Olivier *Barroux*
O (Karen) – chanteuse (Yeah Yeah Yeahs)
    Karen Lee *Orzolek*
Ocasek (Ric) – musicien (The Cars)
    Richard Theodore *Otcasek*
O'dett – artiste de cabaret
    René *Goupil*
O'Galop - peintre
    Marius *Rossillon*
O'Neddy (Philothée) - écrivain
    Théophile *Dondey de Santeny*
O'Williams (Wendy) – chanteuse
    (The Plasmatics)
    Wendy Orlean *Williams*
Offenbach (Jacques) - musicien
    Juda *Eberschdt*
Ogier (Bulle) - actrice
    Marie-France *Thielland*
Ogier (Pascale) - actrice
    Pascale *Nicolas*
Oizo (Mr.) - musicien
    Quentin *Dupieux*
Okereke (Kele) – chanteur (Bloc Party)
    Kelechukwu *Rowland Okereke*
Ol' Dirty Bastard (The) – rappeur
    (Wu-Tang Clan)
    Russel Tyrone *Jones*
Oleg (Charlie) – musicien
    Charles *Olejniczak*
Oli (Big Flo &) – rappeur
    Olivio *Ordoñez*

Olive – musicien (Lili Drop)
    Olivier *Caudron*
Omar (& Fred) - humoriste
    Omar *Sy*
Omar (Le Mollah) – religieux
    Mohammad Omar *Ajondzada*
O'Monroy (Richard) – nouvelliste
    Richard *de l'Isle de Falcon de St-Geniès*
Onc' Bernard - économiste
    Bernard *Maris*
Ophuls (Marcel) – documentariste
    Marcel *Oppenheimer*
Ophüls (Max) - cinéaste
    Maximilian *Oppenheimer*
Orélie-Antoine 1er - roi
    Antoine *Tournens*
Orelsan - chanteur
    Aurélien *Cotentin*
Orlando – producteur de musique
    Bruno *Gigliotti*
Orlov - espion
    Léon Lazarievitch Nikolski *Feldbin*
Orr (Ben) – musicien (The Cars)
    Benjamin *Orzechowski*
Orsenna (Erik) – écrivain
    Erik *Arnoult*
Orwell (George) - écrivain
    Eric Arthur *Blair*
Osbourne (Ozzy) – chanteur (Black Sabbath)
    John Michael *Osbourne*
Ossang (FJ) - poète
    François *Jacques*
Otero (La Belle) - chanteuse
    Caroline *Otero*
Otis (Johnny) - musicien
    John Alexander *Veliotes*
Otto – agent de renseignement
    Herman *Brandl*
Ours - chanteur
    Charles *Souchon*
Oury (Gérard) – cinéaste
    Max Gérard *Houry Tennenbaum*
Ovide - poète
    Publius Ovidius *Naso*

Ovidie - actrice
  Eloïse *Becht*
Owens (Jesse) – sprinter
  James Cleveland *Owens*
Ozy (Alice) – actrice de théâtre
  Alice *Pilloy*

P'tit Pois – musicien (Les Variations)
    Jacques *Grande*
Pablo (Augustus) - musicien
    Horace *Swaby*
Pacôme (Maria) – actrice
    Simone *Pacôme*
Padre Pio - religieux
    Francesco *Forgione*
Page (Geneviève) - actrice
    Geneviève Anne Marguerite *Bonjean*
Page (Larry) - chanteur
    Leonard *Davies*
Paget (Debra) - actrice
    Debralee *Griffin*
Palance (Jack) - acteur
    Volodymyr *Palahniuk*
Palladio (Andrea) - architecte
    Andrea di Pietro *della Gondola*
Palmer (Dee) – musicien (Jethro Tull)
    David *Palmer*
Palmer (Vincent) – musicien (Bijou)
    Jean-Louis *Palmer*
Palmolive - chanteuse (The Slits)
    Paloma *Romero*
Panik (Clode) - chanteur (Métal Urbain)
    Claude *Perrone*
Papa Doc – homme politique
    François *Duvalier*
Papa Wemba – chanteur
    Jules Shungu *Wembadio Pene Kikumba*
Papas (Irène) - actrice
    Irène *Lelekou*
Papillon - bandit
    Henri *Charrière*

Papus – occultiste
: Gérard Anaclet Vincent *Encausse*

Pâquerette - modèle
: Emilienne *Geslot*

Paquin (Paquita) - actrice
: Pascale *Remaudière*

Paquis (Jean-Hérold) – journaliste
: Jean *Hérold*

Paracelse - alchimiste
: Philippus Théophrast Aureolus Bombast *Von Hohenheim*

Parker (Colonel) – manager musical
: Andreas *Van Kuijk*

Parking (Gustave) - humoriste
: Pierre-Casimir *Le Bras*

Parlo (Dita) - actrice
: Gerda Olga Justine *Kornstädt*

Parsons (Gram) – musicien
: Ingram Cecil *Connor* III

Pascal (Jean-Claude) - acteur
: Jean-Claude *Villeminot*

Pascin (Jules) - peintre
: Julius Mordecaï *Pinkas*

Pasos Largos - bandolero
: Juan *Mingolla Gallardo*

Passe-Partout - acteur
: André *Bouchet*

Passi – rappeur
: Passi *Balende*

Passy (Colonel) - militaire
: André *Dewavrin*

Pastorius (Jaco) – musicien (Weather Report)
: John Francis *Pastorius*

Patachou - chanteuse
: Henriette *Lesser* (née *Ragon*)

Patti (Guesch) – chanteuse
: Patricia *Porrasse*

Paul (Peter, Paul & Mary) - chanteur
: Noël *Stookey*

Paul (Gen) - peintre
: Eugène *Paul*

Paul (Les) - inventeur
: Lester William *Polfus*

Paul (Sean) - chanteur
: Sean Paul Ryan Francis *Henriques*

Paul VI – pape
    Giovanni Baptista *Montini*
Pauleta – footballeur
    Pedro Miguel *Carreiro Resendes*
Pauley – acteur
    Paul *Marien*
Paulus – chanteur
    Paulin *Habans*
Payton (Barbara) - actrice
    Barbara Lee *Redfield*
Paz (Abel) - écrivain
    Diego *Camacho Escañez*
Peaches - chanteuse
    Merrill Elisabeth *Nisker*
Pearl (Cora) – demi-mondaine
    Emma *Cruch*
Pearlman (Sandy) – producteur de musique
    Samuel *Pearlman*
Pee Wee Herman - acteur
    Paul *Reubens*
Peel (John) – animateur radio
    John Robert *Parker Ravenscroft*
Pef - acteur
    Pierre-François *Martin-Laval*
Péladan (Le Sâr) - occultiste
    Joseph-Aimé *Péladan*
Pelé - footballeur
    Edson *Arantès do Nascimento*
Pelé (Abedi) - footballeur
    Abedi *Ayew*
Pennac (Daniel) – écrivain
    Daniel *Pennacchioni*
Pepe - footballeur
    Kepler Laveran *Ferreira Lima*
Pepe El Algabeño – torero
    José *Garcia Carranza*
Perec (George) - écrivain
    Georges *Peretz*
Peres (Shimon) – homme politique
    Shimon *Persky*
Perez (David) - musicien (UK Subs)
    David Charles *Harper*
Périer (François) - acteur
    François *Pillu*

Perrault (Gilles) - écrivain
  Jacques *Peyroles*
Perrault (Serge) – danseur de ballet
  Serge *Leplat*
Perrin (Jacques) - acteur
  Jacques *Simonet*
Perrin (Marco) – acteur
  Jean Marco *Markovitch*
Perros (Georges) – écrivain
  Georges *Poulot*
Perry (Katy) – chanteuse
  Kathryn *Hudson*
Persigny (Duc de) – homme politique
  Jean-Gilbert Victor *Fialin*
Personne (Paul) - musicien
  René-Paul *Roux*
Peter (& Gordon) - chanteur
  Peter *Asher*
Peter (Peter, Paul & Mary) - chanteur
  Peter *Yarrow*
Peter (& Sloane) – chanteur
  Jean-Pierre *Savelli*
Petit (Claudius) – homme politique
  Eugène Pierre *Petit*
Petit (Pascale) – actrice
  Anne-Marie *Petit*
Petit Lys d'Amour - criminel
  Juliano *Verbard*
Petit-Biscuit – musicien
  Mehdi *Benjelloun*
Petit-Breton – coureur cycliste
  Lucien Georges *Mazan*
Petit-Senn (John) – poète
  Jean Antoine *Petit*
Pétomane (Le) – personnage historique
  Joseph *Pujol*
Pétrarque – poète
  Francesco *Petrarca*
Peyo - dessinateur
  Pierre *Culliford*
Peyrac (Nicolas) - chanteur
  Jean-Jacques *Tazartez*
Philipe (Gérard) - acteur
  Gérard *Philip*

Philippe (Claude-Jean) – critique cinéma
 Claude *Nahon*
Phoenix (Joaquin) - acteur
 Joaquin Rafael *Bottom*
Phoenix (River) - acteur
 River Jude *Bottom*
Piaf (Edith) - chanteuse
 Giovanna *Gassion*
Pic de la Mirandole - philosophe
 Giovanni *Pico della Mirandola*
Picabia (Francis) - peintre
 François Marie *Martinez*
Picassiette – artiste "naïf"
 Raymond *Isidore*
Picasso (Kiki) - peintre
 Christian *Chapiron*
Picasso (Pablo) - peintre
 Pablo *Ruiz Picasso*
Pickford (Mary) – actrice
 Gladys Louise *Smith*
Pie II - pape
 Eneas Silvio *Piccolomini*
Pie XII - pape
 Eugenio *Pacelli*
Piem - dessinateur
 Pierre Georges Marie *de Barrigue de Montvallon*
Piéral - acteur
 Pierre *Aleyrangues*
Pierpoljak – chanteur
 Pierre-Mathieu *Vilmet*
Pierre (& Gilles) - peintre
 Pierre *Commoy*
Pierre (Roger) - humoriste
 Jean *Le Gall*
Pierrot-le-Fou (I) - bandit
 Pierre *Loutrel*
Pierrot-le-Fou (II) - criminel
 Pierre *Bodein*
Pignon-Ernest (Ernest) - plasticien
 Ernest *Pignon*
Pigpen - musicien (Jefferson Airplane)
 Ronald *McKernan*
Pills (Jacques) - chanteur
 René *Ducos*

Pink - chanteuse
　　Alecia *Moore*
Pipin (Ramon) – musicien (Au Bonheur des Dames)
　　Alain *Ranval*
Pirri - footballeur
　　José *Martinez Sanchez*
Pitigrilli – journaliste
　　Dino *Segre*
Plank (Conny) – producteur de musique
　　Konrad *Plank*
Plantu - dessinateur
　　Jean *Plantureux*
Plastic Bertrand - chanteur
　　Roger *Jouret*
Pognant (Jean-Claude) – éditeur de musique
　　Jean-Claude *Vincent*
Pointdexter (Buster) - chanteur
　　David *Johansen*
Poiré (Jean-Marie) - cinéaste
　　Jean-Marie *Gobert*
Poiret (Jean) - acteur
　　Jean *Poire*
Poirot-Delpech (Bertrand) - écrivain
　　Bertrand *Mézières*
Poison Ivy Rorschach – musicienne
　　Kristy Mariana *Wallace*
Pokora (M.) - rappeur
　　Matthieu *Tota*
Pol Pot - homme politique
　　Saloth *Sar*
Polanski (Roman) – cinéaste
　　Raymond *Lieblinz*
Poléon – dessinateur
　　Louis *Lempereur*
Polk (Brigid) - actrice
　　Brigid *Berlin*
Pompidou (César) – musicien (Au Bonheur des Dames)
　　Camille *Saféris*
Pomus (Doc) - compositeur
　　Jerome Solon *Felder*
Poor (Kim) - peintre
　　Elisabeth Kimball *de Albuquerque Poor*

Pop (Iggy) - chanteur
>James *Osterberg*
Popeck – humoriste
>Judka *Herpstu*
Popesco (Elvire) - actrice
>Elvira *Popescu*
Popo (Pamela) - musicienne (The Lou's)
>Odile *Paulhac*
Porel (Marc) – acteur
>Marc *Marrier de Lagatinerie*
Portman (Natalie) – actrice
>Natalie *Hershlag*
Portu – footballeur
>Cristian *Portugues Manzanera*
Potier (Suki) - mannequin
>Melanie Susan *Potier*
Pouce (Tom) – artiste de cirque
>Charles Sherwood *Stratton*
Pougny (Jean) - peintre
>Ivan *Puni*
Pougy (Liane de) – danseuse
>Anne-Marie *Chassaigne*
Poupaud (Yarol) – musicien
>Stanislas *Poupaud*
Poupon - bandit
>Roger *Lentz*
PR2B – musicienne
>Pauline *Rambeau de Baralon*
Pr. Longhair - musicien
>Henry Roeland *Byrd*
Pradier (James) - sculpteur
>Jean-Jacques *Pradier*
Pratt (Hugo) - dessinateur
>Ugo *Prat*
Prentiss (Paula) - actrice
>Paula *Ragusa*
Presle (Micheline) - actrice
>Micheline *Chassagne*
Presley (Reg) – chanteur (The Troggs)
>Reginald Maurice *Ball*
Pressing (Phil) – musicien (Starshooter)
>Philippe *D'Anière*
Prince - musicien
>Roger *Nelson*

Prince Buster - musicien
    Cecil Bustamante *Campbell*
Principal (Victoria) – actrice
    Victoria *Concettina*
Printemps (Yvonne) – actrice
    Yvonne *Wigniolle*
Proby (PJ) – chanteur
    James Marcus *Smith*
Provost (Franck) – chef d'entreprise
    Yvon André *Provost*
Psy – chanteur
    Park *Jae-Sang*
Puccino (Oxmo) - chanteur
    Abdoulaye *Diarra*
Puff Daddy - rappeur
    Sean John *Combs*
Punk (Peter) - rappeur
    Sérigne *M'Gueye*
Punky Meadows – musicien (Angel)
    Edwin Lionel *Meadows* Jr.
Pyle (Pip) – musicien (Hatfield & The North)
    Philip *Pyle*

Quatro (Suzi) – musicienne
    Susan Kay *Quatrocchio*
Queen Latifah – chanteuse
    Dana *Owens*
Question Mark (& the Mysterians) - chanteur
    Rudy *Martinez*
Quinn (Anthony) – acteur
    Antonio Rodolfo *Quinn Oaxaca*
Quorthon – musicien (Bathory)
    Ace Tomas Borje *Forsberg*

Rabane (Paco) – couturier
    Francisco *Rabaneda Cuervo*
Rachel - actrice de théâtre
    Elisabeth Rachel *Félix*
Rachel - muse
    Thomas *Humphries*
Rachilde – écrivain
    Marguerite *Eymery*
Radek (Karl) – homme politique
    Karl *Sobelsohn*
Raël - gourou
    Claude *Vorilhon*
Raft (George) - acteur
    George *Ranft*
Raï – footballeur
    Raïmundo *Vieira de Souza Oliveira*
Raimu - acteur
    Jules *Muraire*
Râmakrishna – gourou
    Gadâdhar *Chattopâdhyâya*
Ramirez (Twiggy) – musicien (Marilyn Manson)
    Jeordie *White*
Ramon (Paul) - musicien
    Paul *McCartney*
Ramone (CJ, Dee Dee, Joey, Johnny, Marky & Tommy) – musiciens (The Ramones)
    Christopher Joseph *Ward,* Douglas Glen *Colvin,* Jeffrey *Hyman,* John *Cummings,* Marc *Bell* & Thomas *Erdelyi*
Ramzy (Eric &) - humoriste
    Ramzy *Bédia*
Ranieri (Massimo) – chanteur
    Giovanni *Calone*

Rank (Otto) - psychanalyste
    Otto *Rosenfeld*
Raphael - chanteur
    Raphaël *Haroche*
Raphaël - peintre
    Raffaello *Sanzio*
Raspoutine – guérisseur
    Grigori Iefimovitch *Raspoutine-Novykh*
Raubal (Geli) – demi-nièce de Hitler
    Angela Maria *Raubal*
Raucourt (Mademoiselle) – tragédienne
    Marie-Antoinette Françoise *Saucerotte*
Raufer (Xavier) - écrivain
    Christian *de Bongain*
Raul - footballeur
    Raul *Gonzalez Blanco*
Rauschenberg (Robert) – plasticien
    Milton Ernest *Rauschenber*
Ravachol – militant anarchiste
    François Claudius *Koeningstein*
Ravan (Genya) – chanteuse
    Genyusha Goldie *Zelkowitz*
Ray (Jean) – écrivain
    Raymond *de Kremer*
Ray (Man) - photographe
    Emmanuel *Radnitzky*
Ray (Nicholas) - cinéaste
    Raymond Nicholas *Kienzle*
Raymond la Science – militant anarchiste
    Raymond *Callemin*
Réage (Pauline) - écrivain
    Anne Cécile *Desclos*
Reatard (Jay) – musicien
    James Lee *Lindsey* Jr.
Rebroff (Ivan) - chanteur
    Hans Rolf *Rippert*
Red (Axelle) - chanteuse
    Fabienne *Dermal*
Redon (Odilon) - peintre
    Bertrand *Redon*
Reed (Lou) - chanteur
    Louis *Firbank*
Régine - chanteuse
    Régina *Choukroun* (née *Zylberberg*)

Reinhardt (Django) - musicien
        Jean-Baptiste *Reinhardt*
Reinhardt (Max) – metteur en scène de théâtre
        Maximilien *Goldman*
Reiser - dessinateur
        Jean-Marc *Reiser*
Réjane - actrice de théâtre
        Gabrielle-Charlotte *Réju*
Remarque (Erich-Maria) - écrivain
        Erich-Maria *Kramer*
Rembrandt - peintre
        Rembrandt *Van Rijn*
Rémy (Colonel) - militaire
        Gilbert *Renault*
Renard (Colette) – chanteuse
        Colette Lucie *Raget*
Renaud - chanteur
        Renaud *Séchan*
Renaud (Line) – chanteuse
        Jacqueline Simone Alberte *Enté*
Renay (Liz) - actrice
        Pearl Elizabeth *Dobbins*
Renbourne (John) – musicien (Pentangle)
        John *McCombe*
René la Canne - bandit
        René *Girier*
Reni – musicien (The Stone Roses)
        Alan *Wren*
Reno (Jean) - acteur
        Juan *Moreno Herrera-Jimenez*
Renouardt (Jane) - actrice
        Victorine Catherine *Renouard*
Renucci (Robin) – acteur
        Daniel *Robin-Renucci*
Restif de la Bretonne - écrivain
        Nicolas Edme *Restif*
Retz (Cardinal de) - homme politique
        Jean-François Paul *de Gondi*
Rev (Martin) – musicien (Suicide)
        Martin *Reverby*
Revel (Jean-François) – philosophe
        Jean-François *Ricard*
Reverend Horton Heat – musicien
        James *Heath*

Reyer (Ernest) – compositeur
: Louis Etienne Ernest *Rey*

Reynold (Jean-Loup) - acteur
: Jean-Louis *Reynold*

Reznor (Trent) - musicien
: Michael Trent *Reznor*

Rhymes (Busta) – rappeur
: Trevor Tahiemen *Smith* Jr.

Ribbentrop (Joachim Von) - politique
: Joachim *Ribbentrop*

Ricardo – footballeur
: Ricardo Alexandre Martin *Soares Pereira*

Richard (Cliff) - chanteur
: Harry *Webb*

Richard (Keith) – musicien (Rolling Stones)
: Keith *Richards*

Richard (Jean-Louis) – acteur
: Jean-Marius *Richard*

Richard (Marthe) – femme politique
: Marthe *Betenfeld* (veuve *Richer* veuve *Crompton*)

Richard (Pierre) - acteur
: Pierre Richard Maurice Charles Léopold *Defays*

Richard-Lenoir – industriel
: François *Richard*

Riche (Paul) - cinéaste
: Jean *Mamy*

Richelieu - homme politique
: Armand-Jean *du Plessis*

Rictus (Jehan) - poète
: Gabriel *Randon de St-Amand*

Ridel (Charles) – militant libertaire
: Charles *Cortvrint*

Riefenstahl (Leni) - cinéaste
: Helene *Riefenstahl*

Riff Reb's - dessinateur
: Dominique *Duprez*

Rigaud (Hyacinthe) - peintre
: Hyacinthe *Rigau y Ros*

Rihanna - chanteuse
: Robyn Rihanna *Fenty*

Ringo Willy Cat - chanteur
: Guy *Bayle*

Rip - dessinateur
> Georges *Thénon*

Riss - dessinateur
> Laurent *Sourisseau*

Ritchell (Eddick) – chanteur (Au Bonheur des Dames)
> Vincent *Lamy*

Rivaldo - footballeur
> Rivaldo Vitor *Borba Ferrei*

Rivarol – écrivain
> Antoine *Rivaroli*

Rivers (Dick) - chanteur
> Hervé *Fornieri*

Rivets (Rick) – usicien (New-York Dolls)
> George *Fedorik*

Riviera (Jake) - manager musical
> Andrew *Jakeman*

Roadent – roadie
> Stephen *Connolly*

Roberts (Kane) – musicien (Alice Cooper)
> Robert William *Athas*

Robertson – prestidigitateur
> Etienne-Gaspard *Robert*

Roberty - acteur
> Robert *Hollard*

Robin des Bois - bandit
> Robin *Longstride*

Robinho - footballeur
> Robson *de Souza*

Robinson (Edward G.) - acteur
> Emmanuel *Goldenberg*

Robinson (Madeleine) – actrice
> Madeleine *Svoboda*

Robinson (Smokey) - chanteur
> William *Robinson*

Rochefort (Edmond) – écrivain
> Charles-Louis-Marie *de Rochefort-Luçay*

Rochefort (Henri) – homme politique
> Victor Henri *de Rochefort-Luçay*

Rocker (Lee) – musicien (The Stray Cats)
> Leon *Drucker*

Rodriguez - musicien
> Sixto *Rodriguez*

Rogers (Ginger) – actrice
> Virginia Katherine *Mc-Nath*

Rogers (Jimmy) – chanteur
    James Arthur *Lane*
Rogers (Roy) – chanteur
    Leonard *Slye*
Rogers (Will) - acteur
    William Pen *Adair*
Rohff - rappeur
    Housni *M'Kouboï*
Rohmer (Eric) - cinéaste
    Maurice *Scherer*
Roland (Madame) – salonnière
    Jeanne Marie *Philipon*
Rollins (Henry) – chanteur (Black Flag)
    Henry Lawrence *Garfield*
Rol-Tanguy (Colonel) - militaire
    Henri *Tanguy*
Romains (Jules) - écrivain
    Louis *Farigoule*
Romance (Viviane) - actrice
    Pauline *Ronacher Ortmans*
Romaric - footballeur
    Romaric *N'Dri*
Romario - footballeur
    Romario *de Souza Faria*
Roméo Elvis – rappeur
    Roméo Johnny Elvis Kiki *Van Laeken*
Romi - écrivain
    Robert *Miquel*
Ronaldinho - footballeur
    Ronaldo Gaucho *de Assis Moreira*
Ronaldo - footballeur
    Ronaldo Luiz Nazario *de Lima*
Ronaldo (Cristiano) - footballeur
    Cristiano Ronaldo *Dos Santos Aveiro*
Ronet (Maurice) - acteur
    Maurice *Robinet*
Ronis (Willy) - photographe
    William *Ronisen*
Rooney (Mickey) - acteur
    Joseph *Yule*
Root (John B.) – cinéaste
    Jean *Guilloré*
Roqueplan (Nestor) – journaliste
    Victor Louis Nestor *Rocoplan*

Roquevert (Noël) - acteur
    Noël *Bénévent*
Rosay (Françoise) - actrice
    Françoise *de Bandy de Nalèche*
Rose - chanteuse
    Karen *Meloul*
Rose (Axl) – chanteur (Guns'N'Roses)
    William Bruce *Rose Bailey*
Roselli (Johnny) - gangster
    Filippo *Sacco*
Rosko - animateur radio
    Michael *Pasternak*
Rosmer (Alfred) – historien
    André *Griot*
Rosny aîné – écrivain
    Joseph Henri *Boex*
Ross (Diana) – chanteuse
    Diane Ernestine *Earle Ross*
Ross The Boss – musicien (Shakin' Street)
    Ross *Friedman*
Rossi (Tino) - chanteur
    Constantin *Rossi*
Rost – rappeur
    Amewofofo *Adom'Megaa*
Rothko (Mark) - peintre
    Marcus *Rothkowitz*
Rotten (Johnny) - chanteur (Sex Pistols)
    John *Lydon*
Roucas (Jean) – humoriste
    Jean *Avril*
Rourke (Mickey) – acteur
    Philipp Andrew *Rourke* Jr.
Rousseau (Le Douanier) - (peintre)
    Henri *Rousseau*
Roussos (Demis) - chanteur
    Artemios Ventouris *Roussos*
Rover – chanteur
    Timothée *Régnier*
Rowley (Thomas) – écrivain
    Thomas *Chatterton*
Roy (Patrick) – animateur télé
    Patrick *Boyard*
Royal (Ségolène) – femme politique
    Marie-Ségolène *Royal*

Ruby (Jack) - criminel
  Jacob *Rubinstein*
Rufus - humoriste
  Jacques *Narcy*
Ruggieri (Eve) – animatrice télé
  Eve *Augustin-Henrot*
Ruiz (Maria) – militante révolutionnaire
  Tina *Modotti*
Ruiz (Olivia) - chanteuse
  Olivia *Blanc*
Russell (Leon) – musicien
  Claude Russell *Bridges*
Ryan (Meg) – actrice
  Margaret *Hyra*
Ryder (Mitch) - chanteur
  William *Levise*
Ryder (Winona) – actrice
  Winona *Horowitz*
Ryner (Han) – philosophe
  Jacques Elie Henri Ambroise *Ner*
RZA – rappeur
  Robert Fitzgerald *Diggs*

Saadiq (Raphaël) - chanteur
    Charles Raymond *Wiggins*
Sabatier (Appolonie) - peintre
    Joséphine-Aglaë *Savatier*
Sachs (Maurice) – écrivain
    Jean-Maurice *Ettinghausen*
Sade – chanteuse
    Helen Folasade *Adu*
Sade (Marquis de) - écrivain
    Donatien Alphonse François *de Sade*
Saez – chanteur
    Damien *Saez*
Sagan (Françoise) – écrivain
    Françoise *Quoirez*
Saint-Loup – écrivain
    Marc *Augier*
Saint-Paulien – écrivain
    Maurice-Yvan *Sicard*
Saint-Phalle (Niki de) - peintre
    Catherine *Fal de Saint Phalle*
Salamé (Léa) – journaliste
    Hala *Salamé*
Salazar (Antonio) – homme politique
    Antonio *de Oliveira Salazar*
Salomé (Lou-Andreas) - écrivain
    Louise *Von Salomé*
Sam (& Dave) - chanteur
    Samuel *Moore*
Samoth – musicien (Emperor)
    Tomas Thormodsaeter *Haugen*
San Antonio – écrivain
    Frédéric *Dard*
Sananda Maitreya – chanteur
    Terence Trent *d'Arby*

Sand (George) – écrivain
    Amantine Aurore Lucile *Dupin*
Sanda (Dominique) - acteur
    Dominique *Varaigne*
Sander (Cindy) - chanteuse
    Cindy *Braun* (née *Sandmeier*)
Sanders (Alain) - écrivain
    Alain *Potier*
Sanseverino - chanteur
    Stéphane *Sanseverino*
Sans-Gêne (Mme) – personnage historique
    Catherine *Lefèbvre Hubscher*
Santillana (Carlos) - footballeur
    Carlos *Alonso Gonzalez*
Sapeck (Arthur) – humoriste
    Eugène François Bonaventure *Bataille*
Sapho - chanteuse
    Danielle *Ebguy*
Sapritch (Alice) – actrice
    Alice *Sapric*
Sarandon (Susan) – actrice
    Susan Abigail *Tomalin*
Sarapo (Théo) - chanteur
    Théodore *Lamboukas Sathya Narayana*
Sarkozy (Nicolas) – homme politique
    Nicolas Paul Stéphane *Sarközy de
        Nagy-Bocsa*
Sarment (Jean) – acteur
    Jean *Bellemère*
Sarraute (Nathalie) – écrivain
    Nathalie *Tcherniak*
Sassetta – peintre
    Stefano *di Giovanni*
Satana (Tura) - actrice
    Tura *Yamaguchi*
Sathya Sai Baba – gourou
    Sathya Narayana *Raju*
Sauvage (Catherine) - chanteuse
    Jeanine Marcelle *Saunier*
Savage (Ann) – actrice
    Bernice Maxime *Lyon*
Saval (Dany) – actrice
    Danielle Nadine *Savalle*
Savalas (Telly) – acteur
    Aristotelis Harris *Savalas*

Savannah – actrice
    Shannon Michelle *Wisley*
Saviange (Sonia) – actrice
    Christine *Vecchiali*
Saxon (John) – acteur
    Carmine *Orrico*
Scabies (Rat) - musicien (The Damned)
    Christopher *Millar*
Schinderhannes – criminel
    Johannes *Bueckler*
Schlingo (Charlie) – dessinateur
    Jean-Charles *Ninduab*
Schmidt-Rotluff (Karl) - peintre
    Karl *Schmidt*
Schneider (Florian) – musicien (Kraftwerk)
    Florian *Schneider-Esleben*
Schneider (Hortense) - cantatrice
    Catherine Jeanne *Schneider*
Schneider (Romy) – actrice
    Rosemarie Magdalena *Albach-Retty*
Schultz (Dutch) – mafieux
    Arthur *Flegenheimer*
Schwartz (Hermann) – musicien (Métal Urbain)
    Jean-Louis *Boulanger*
Scott (Bon) – chanteur (AC/DC)
    Ronald Belford *Scott*
Scott (L'Wren) – mannequin
    Luanne *Bambrough*
Seal – chanteur
    Seal Henry Olusegun Olumide Adeola *Samuel*
Seba (Kemi) – activiste politique
    Gilles Robert *Capo Chichi Stellio*
SebastiAn – musicien
    Sébastien *Akchoté*
Sébastien (Patrick) - humoriste
    Patrick Henri *Boutot*
Seffer (Yochk'o) – musicien
    Joszef *Seffer*
Segara (Hélène) - chanteuse
    Hélène *Rizzo*
Seingalt (Chevalier de) – aventurier
    Giacomo Girolamo *Casanova*
Selah Sue - chanteuse
    Sanne *Putseys*

Sellers (Peter) – acteur
    Richard Henry *Sellers*
Sem – écrivain
    Georges *Goursat*
Semoun (Elie) – humoriste
    Elie *Semhoun*
Sempé - dessinateur
    Jean-Jacques *Sempé*
Sennett (Mack) – acteur
    Michael *Sinnott*
Séraphine de Senlis – peintre
    Séraphine *Louis*
Seress (Rezsö) - compositeur
    Rudolf *Spitzer*
Serge (Victor) - écrivain
    Victor-Napoléon Lvovitch *Kibaltchiche*
Serp (Guillaume) – chanteur (Modern Guy)
    Guillaume *Israël*
Seth – street artiste
    Julien *Malland*
Severin (Steven) – musicien (Siouxsie & the Banshees)
    Steven *Bailey*
Séverine – écrivain
    Caroline *Rémy*
Sevilla (Carmen) – actrice
    Maria del Carmen *Garcia Galisteo*
Sevilla (Lolita) – actrice
    Angeles *Moreno Gomez*
Sevran (Pascal) – animateur télé
    Jean-Claude *Jouhaud*
Seydoux (Léa) – actrice
    Léa Hélène *Seydoux Fornier de Clausonne*
Seymour (David) – photographe
    David *Szymin*
Sézille (Paul) – collaborateur
    Jules Désiré Léopold *Sézille*
Shakira – chanteuse
    Shakira Isabel *Mebarak Ripoll*
Shakti Yoni – choriste (Gong)
    Gillian Mary *Smyth*
Shakur (2Pac) - rappeur
    Lesane Parish *Crooks*

Shannon (Del) - chanteur
>Charles Weedon *Westover*
Sharif (Omar) - acteur
>Michel Dimitri *Shalhoub*
Sharon (Ariel) – homme politique
>Ariel *Schneinerman*
Sharon – personnage de chanson
>Sharona *Alperin*
Shaw (Artie) – musicien
>Arthur Jacob *Arshawsky*
Shaw (Sandie) - chanteuse
>Sandra *Goodwich*
Sheen (Charlie) – acteur
>Carlos *Estevez*
Sheen (Martin) – acteur
>Ramon Antonio Gerardo *Estevez*
Sheila - chanteuse
>Annie *Chancel*
Sheller (William) – musician
>William *Hand*
Shelley (Pete) - musicien (The Buzzcocks)
>Peter *McNeish*
Shelly (Adrienne) – actrice
>Adrienne *Levine*
Shere Khan – musicien (Ici Paris)
>Hervé *Scott-Flament*
Sheryl (Karen) - chanteuse
>Isabelle *Morizet*
Shine (Fabienne) – chanteuse (Shakin' Street)
>Fabienne *Essaïagh*
Shirley (& Dino) – humoriste
>Corinne *Benizio*
Shy'm - chanteuse
>Tamara *Marthe*
Sia – compositrice-chanteuse
>Sia Kate Isobelle *Furler*
Sicard (Abbé) – ecclésiastique
>Roch-Ambroise *Cucurron Sicard*
Sidney – animateur télé
>Patrick *Duteil*
Sidney (Sylvia) – actrice
>Sylvia *Kosow*
Siegel (Bugsy) – gangster
>Benjamin *Siegelbaum*

Sieyès (Abbé) – homme politique
  Emmanuel Joseph *Sieyès*
Siffredi (Rocco) – acteur
  Rocco Antonio *Tano*
Signoret (Simone) – actrice
  Simone *Kaminker*
Sim – dessinateur
  José Luis *Rey Vila*
Sim – acteur
  Simon *Berryer*
Simmons (Gene) – musicien (Kiss)
  Chaim *Weïtz*
Simon (Michel) – acteur
  François-Joseph *Simon*
Simone (Nina) - chanteuse
  Eunice *Waymon*
Simonot (Renée) – comédienne
  Renée-Jeanne *Deneuve*
Simpson (O. J.) – joueur de foot américain
  Orenthal James *Simpson*
Sinclair – musicien
  Mathieu *Blanc-Francard*
Sinclair (Anne) – journaliste
  Anne Elise *Schwarz*
Sinclair (Laurent) – musicien (Taxi Girl)
  Laurent *Bielher*
Sinclair (Vernon) – écrivain
  Boris *Vian*
Sinclar (Bob) - DJ
  Christophe *Lefriant*
Siné – dessinateur
  Maurice *Sinet*
Sinik - rappeur
  Thomas Gérard *Idir*
Sino (Lupe) – actrice
  Antonia *Bronchalo Lopesina*
Siouxsie Sioux - chanteuse
  Susan Janet *Ballion*
Sir Coxsone – producteur de musique
  Clement *Dodd*
Sirk (Douglas) – cinéaste
  Detlef *Sierck*
Sirkis (Nikola) – chanteur (Indochine)
  Nicolas *Sirchis*

Sisley (Tomer) – humoriste
: Tomer *Gazit*
Sissi – impératrice
: Elisabeth *de Wittelsbach*
Sitting Bull – chef indien
: Tatanka *Yotanka*
Sixx (Nikki) – musicien (Mötley Crüe)
: Frank Carlton Serafino *Feranna*
Sky Saxon – chanteur (The Seeds)
: Richard Elvern *Marsh*
Slash – musicien (Guns'N'Roses)
: Saul *Hudson*
Slater (Christian) – acteur
: Christian Michael Leonard *Hawkins*
Sleazy – musicien (Throbbing Gristle)
: Peter Martin *Christopherson*
Sled (Pierre) – journaliste télé
: Pierre *Sledziewski*
Slim Jim Phantom – musicien (The Stray Cats)
: James *McDonnell*
Sloane (Peter &) – chanteuse
: Chantal *Richard*
Smaïl (Paul) - écrivain
: Daniel *Théron*
Smaïn – humoriste
: Smaïn *Fairouze*
Smear (Pat) – musicien (The Germs)
: George *Ruthenberg*
Smith (Anna-Nicole) - actrice
: Vickie Lynn *Hogan*
Smith (Elliott) - musicien
: Stephen Paul *Smith*
Smith (Mamie) - chanteuse
: Mamie *Robinson*
Smith (Sonic Fred) – musicien (MC5)
: Frederick Dewey *Smith*
Smith (TV) – chanteur (The Adverts)
: Timothy *Smith*
Snakefinger – musicien
: Philip Charles *Lithman*
Snoop Doggy Dog - rappeur
: Calvin *Broadus*
Snowy White – musicien (Thin Lizzy)
: Terence Charles *White*

Sœur Emmanuelle - religieuse
    Madeleine *Sinquin*
Sœur Sourire – chanteuse
    Jeanne *Deckers*
Soko – chanteuse
    Stéphanie *Sokolinski*
Soleil (Madame) – astrologue
    Germaine *Soleil*
Solidor (Suzy) - chanteuse
    Suzanne Louise Marie *Marion*
        (puis *Rocher*)
Sollers (Philippe) – écrivain
    Philippe *Joyaux*
Solo (Bruno) – acteur
    Bruno *Lassalle*
Solo (Mano) - chanteur
    Emmanuel *Cabut*
Sologne (Madeleine) - actrice
    Madeleine *Vouillon*
Solveig (Martin) – DJ
    Martin Laurent *Picandet*
Son of Sam – criminel
    David *Berkowitz*
Soprano – chanteur
    Saïd *M'Roumbaba*
Soral (Agnès) – actrice
    Agnès *Bonnet*
Soral (Alain) – essayiste
    Alain *Bonnet*
Sorel (Cécile) - actrice
    Cécile *Seurre*
Sorel (Jean) – acteur
    Jean *de Chieusses de Combaud-Roquebrune*
Sotha – actrice de théâtre
    Catherine *Sigaux*
Souchon (Alain) - chanteur
    Alain Edouard *Kienast*
Soul (David) – acteur
    David Richard *Solberg*
Souplex (Raymond) – acteur
    Raymond *Guillemain*
Southside Johnny - chanteur
    John *Lyon*

Souvarine (Boris) - journaliste
    Boris *Lifschitz*
Spacey (Kevin) – acteur
    Kevin John *Fowler*
Spatsz - musicien (Kas Product)
    Daniel *Favre*
Spector (Phil) - producteur de musique
    Paulie *Schultz*
Spector (Ronnie) – chanteuse (The Ronettes)
    Veronica *Bennett*
Spence (Skip) - musicien (Jefferson Airplane)
    Alexander Lee *Spence*
Spencer (Bud) – acteur
    Carlo *Pedersoli*
Spillane (Mickey) – écrivain
    Frank *Morrison Spillane*
Spinoza – philosophe
    Baruch *d'Espinoza*
Spirito (Carbone &) – bandit
    Lydro *Spirito*
Springfield (Dusty) – chanteuse
    Mary Isabel Catherine Bernadette *O'Brien*
Spungen (Nancy) – groupie
    Nancy *Spungeon*
Squeaky – criminelle
    Lynette *Fromme*
Stablinski (Jean) – footballeur
    Jean *Stablewski*
Stacia – danseuse
    Stacia *Blake*
Stack (Robert) - acteur
    Robert *Modini*
Stagger Lee – gangster
    Lee *Shelton*
Stahl (P.-J.) – éditeur
    Pierre-Jules *Hetzel*
Staline - homme politique
    Iosif Vissanoriovitch *Djougachvili*
Stanley (Paul) – musicien (Kiss)
    Stanley Harvey *Eisen*
Stanwyck (Barbara) – actrice
    Ruby *Stevens*
Stardust (Alvin) – chanteur
    Bernard William *Jewry*

Starr (Ringo) – musicien (Beatles)
: Richard *Starkey*
Starr (Sable) – groupie
: Sable *Shields*
Stash – figure des 60's
: Stanislas *Klossowski de Rola*
Stass (Mirwaïs) – musicien (Taxi Girl)
: Mirwaïs *Ahmadzaï*
St-Augustin – philosophe
: Augustin *d'Hippone*
St-Dominique – religieux
: Domingo *de Guzman*
St-Jaime Hilario – religieux
: Manuel *Barbal i Cosin*
St. Vincent – musicienne
: Annie *Clark*
Ste-Catherine de Sienne – religieuse
: Caterina *Benincasa*
Steele (Tommy) - chanteur
: Thomas *Hicks*
Steevy - personnalité de télé-réalité
: Steevy *Boulay*
Steinlen – artiste peintre
: Théophile-Alexandre *Steinlen*
Stella - chanteuse
: Stella *Zelcer*
Stendhal – écrivain
: Henri *Beyle*
Stepanov – militant communiste
: Stepan Minev *Ivanov*
Stéphane (Roger) - journaliste
: Roger *Worms*
Ste-Rita de Gascia – religieuse
: Margherita *Manchini*
Stern (Daniel) – écrivain
: Marie Sophie *de Flavigny d'Agoult*
Ste-Thérèse d'Avila - religieuse
: Teresa *Sanchez Cepeda de Ahumada*
Ste-Thérèse de l'enfant-Jésus - religieuse
: Thérèse *Martin*
Stevens (Cat) - chanteur
: Steven Demetre *Georgiou*
Stewart (James) – acteur
: James *Maitland*

St-Cyr (Lily) – actrice
    Mary Frances *Van Schaack*
St-François d'Assise - religieux
    François *Bernardone*
St-François-Xavier – missionnaire
    Francisco *de Jaso y Azpilcueta*
St-Germain – musicien
    Ludovic *Navarre*
St-Germain (Le Comte de) – personnalité mondaine
    Richard *Chanfray*
Sthers (Amanda) – écrivain
    Amanda *Queffélec-Marouani*
Sting – musicien (The Police)
    Gordon *Sumner*
Stirner (Max) – philosophe
    Johann Kaspar *Schmidt*
Stival (Jacques) – scénariste
    Jacky *Bouedo*
Stivell (Alan) – musicien
    Alain *Cochevelou*
St-Jean-de-la-Croix – religieux
    Juan *de Yepes Alvarez*
St-John (Mark) – musicien (Kiss)
    Mark *Norton*
St-John Perse – écrivain
    Marie René Auguste Alexis *Léger*
St-Laurent (Cécil) – écrivain
    Jacques *Laurent*
Stone (& Charden) – chanteuse
    Annie *Gautrat*
Stone (Joss) – chanteuse
    Joscelyn Eve *Stoker*
Stone (Sly) – chanteur (Sly & The Family Stone)
    Sylvester *Stewart*
Storm (Rory) – chanteur
    Alan *Caldwell*
St-Paul (Gérard) – journaliste
    Gérard *Chatelain*
St-Paul – apôtre
    Saül *de Tarse*
St-Pier (Natasha) – chanteuse
    Natasha *St-Pierre*
St-Pixel – moine enlumineur
    Charles *Pierron*

St-Pol Roux – poète
    Paul Pierre *Roux*
Stradlin (Izzy) – musicien (Guns'N'Roses)
    Jeffrey Dean *Isbell*
Strange (Steve) – musicien
    Steven John *Harrington*
Strasberg (Lee) – acteur
    Israël *Srulke*
Stratos (Demetrio) - parolier
    Efstratios *Dimitriou*
Strauss-Kahn (Dominique) – homme politique
    Dominique *Strauss*
Streep (Meryl) – actrice
    Mary Louise *Streep*
Streisand (Barbra) – chanteuse
    Barbara Joan *Streisand*
Stromae – chanteur
    Paul *Van Haver*
Strummer (Joe) – musicien (The Clash)
    John Graham *Mellor*
St-Simon - philosophe
    Claude-Henri *de Rouvroy de St-Simon*
Stündehr – musicien (Magma)
    René *Garbe*
Styrene (Poly) - chanteuse (X-Ray Spex)
    Marianne Joan *Elliot-Said*
Suarès (André) – poète
    Isaac *Félix*
Submarine Captain – musicien (Gong)
    Christian *Tritsch*
Sue (Eugène) - écrivain
    Marie-Joseph *Sue*
Suggs – chanteur (Madness)
    Graham *McPherson*
Sullivan (Vernon) – écrivain
    Boris *Vian*
Sully – conseiller politique
    Maximilien *de Béthune*
Sully - aviateur
    Chelsey *Sullenberg*
Sully Prudhomme – écrivain
    René François-Armand *Prudhomme*
Summer (Donna) - chanteuse
    Ladonna *Gaines*

Sumner (Bernard) – musicien (Joy Division)
   Bernard *Dicken*
Sun Ra - musicien
   Herman Poole *Blount*
Super (Didier) - musicien
   Olivier *Haudegond*
Super Nanny – animatrice télé
   Cathy *Sarraï*
Supernana – animatrice radio
   Catherine *Pelletier*
Superstar (Ingrid) - actrice
   Ingrid *Von Scheven*
Surgère (Hélène) – actrice
   Hélène Marcelle Simone *Collet*
Sutch (Screaming Lord) – musicien
   David Edward *Sutch*
Suzanne – personnage de chanson
   Suzanne *Verdal*
Swanson (Gloria) – actrice
   Gloria Josephine Mae *Svensson*
Syd Matters – musicien
   Jonathan *Morali*
Sylva (Berthe) - chanteuse
   Berthe Francine Ernestine *Faquet*
Sylvain (Syl) – musicien (New-York Dolls)
   Sylvain *Mizrahi*
Sylvestre (Anne) - chanteuse
   Anne *Beugras*
Sylvian (David) - musicien
   David Alan *Batt*
Szafran (Sam) – artiste peintre
   Samuel *Berger*

T (Bruno) – écrivain
 Bruno *Taravant*
Tachan (Henri) – chanteur
 Henri *Tachdjian*
Tal-Coat (Pierre) – peintre
 Pierre *Jacob*
Talleyrand – homme d'Etat
 Charles Maurice *de Talleyrand-Périgord*
Tallien (Mme) – salonnière
 Thérésa *Cabarrus*
Tampa Red - musicien
 Hudson *Whittaker*
Taro (Gerda) – photographe
 Gerta *Pohorylle*
Tati (Jacques) – cinéaste
 Jacques *Tatischeff*
Taxil (Léo) – écrivain
 Gabriel Antoine *Jogand-Pagès*
Taylor (Hound Dog) - musicien
 Theodore Roosevelt *Taylor*
Taylor (Koko) - chanteuse
 Cora *Walton*
Taylor (Robert) – acteur
 Spangler Arlington *Brough*
Taylor (Vince) - chanteur
 Brian Maurice William *Holden*
Tchang Kaï-Chek – homme politique
 Jiang *Jieschi*
Tchernia (Pierre) – animateur télé
 Pierre *Tcherniakowsky*
Teissier (Elizabeth) - astrologue
 Germaine Elizabeth *Hanselmann*
Tékielski (Mama Béa) - musicienne
 Béatrice *Tékielski*

Télaouine (Shitty) – musicien (Au Bonheur des Dames)
　　Daniel *Dollé*
Tell (Diane) – chanteuse
　　Diane *Fortin*
Teresa (Mère) – religieuse
　　Agnès *Gonxha Bajaxhiu*
Terrell (Tammi) - chanteuse
　　Tammi *Montgomery*
Terry (Sonny) - musicien
　　Saunders *Terrell*
Terzieff (Laurent) - acteur
　　Laurent *Tcheverzine*
Tété - chanteur
　　Niang Mahmoud *Tété*
Tevez (Carlos) – footballeur
　　Carlos *Martinez*
Tex – animateur télé
　　Jean-Christophe *Le Texier*
Tharpe (Sister Rosetta) - chanteuse
　　Rosetta *Nubin*
The Artist - musicien
　　Roger *Nelson*
The Edge – musicien (U2)
　　David *Evans*
The Good Witch Yoni - choriste (Gong)
　　Gillian Mary *Smyth*
The Mental Job – musicien (Asphalt Jungle)
　　Jean-Yves *Lemattre*
Theo – footballeur
　　Theodore *Szkudlapski*
Theremin (Léon) - ingénieur
　　Lev Sergueïevitch *Termen*
Thérésa – chanteuse
　　Emma *Valadon*
Thibault (Jean-Marc) – acteur
　　Jean Robert *Thibault*
Thomas (Olive) – actrice
　　Olivia Elaine *Duffy*
Thompson (Dennis) – musicien (MC5)
　　Dennis *Tomich*
Thoreau (Henry David) - philosophe
　　David Henry *Thoreau*
Thornton (Big Mama) - chanteuse
　　Willie Mae *Thornton*

Thoury (Jean-William) - manager
Jean *Thoury*
Thunders (Johnny) – musicien (New-York Dolls)
John Anthony *Genzale*
Tiago – footballeur
Tiago *Cardoso Mendes*
Tibet (David) - poète
David Michael *Buntin*
Tignous – dessinateur
Bernard *Verlhac*
Timbaland – producteur de musique
Timothy *Mosley*
Tirso de Molina – écrivain
Gabriel *Tellez*
Tito – homme politique
Josip *Broz*
Titoff – humoriste
Christophe *Junca*
Tocqueville (Alexis de) – écrivain
Alexis Charles Henri Maurice *de Clérel*
Todaro (José) – artiste lyrique
Giuseppe *Todaro*
Tolhurst (Lol) – musicien (The Cure)
Lawrence *Tolhurst*
Took (Steve Peregrin) – musicien (Tyrannosarus Rex)
Stephen Ross *Porter*
Toots - muse
Susan Ebett Roberts *Berle*
Toots (& the Maytals) - chanteur
Toots *Hibbert*
Tornade (Pierre) – acteur
Pierre *Tournadre*
Torr (Michèle) - chanteuse
Michelle Odette Kléberte *Tort*
Tosh (Peter) – musicien (The Wailers)
Winston Hubert *MacIntosh*
Toto – acteur
Antonio *De Curtis*
Tourneur (Maurice) - cinéaste
Maurice *Thomas*
Toussaint-Louverture – homme politique
Dominique *Toussaint*
Tovati (Elisa) – actrice
Elisa *Touati*

Toyah - chanteuse
　　Toyah *Willcox*
Tragabuches – bandolero
　　Jose *Ulloa*
Trajan – empereur
　　Marcus Ulpus *Traianus*
Tranbaree (Burd) – cinéaste
　　Claude-Bernard *Aubert*
Tréjan (Guy) – acteur
　　Guy *Treichler*
Tricky - musicien (Masive Attack)
　　Adrian Nicolas Matthews *Thawes*
Triolet (Elsa) – écrivain
　　Elsa *Kagan*
Tronchet – scénariste
　　Didier *Vasseur*
Trotski (Léon) - homme politique
　　Lev Davidovitch *Bronstein*
Troyat (Henri) – écrivain
　　Lev Assanovitch *Tarassov*
Truant (Tony) – musicien (Dogs)
　　Antoine *Massy-Périer*
Truffaut (François) – cinéaste
　　François *Levy*
Tsamere (Arnaud) – humoriste
　　Arnaud *Tsedri*
Tuca – chanteuse
　　Valeniza *Zagni Da Siva*
Tueur du Zodiac (Le) - criminel
　　Heriberto *Seda*
Turner (Big Joe) – chanteur
　　Joseph Vernon *Turner*
Turner (Ike) - musicien
　　Isear Luster *Turner* Jr.
Turner (Robert) – musicien (Black Rebel
　　Robert Leon *Been*
Turner (Tina) - chanteuse
　　Annie Mae *Bullock*
Twain (Mark) – écrivain
　　Samuel Langhorne *Clemens*
Twiggy - mannequin
　　Leslie *Hornby*
Twink - musicien (The Pretty Things)
　　John Charles Edward *Alder*

Twinkle - chanteuse
    Lynn Annette *Riplay*
Tyler (Bonnie) - chanteuse
    Gaynor *Hopkins*
Tyler (Liv) - actrice
    Livonia *Rundgren*
Tyler (Steven) - chanteur (Aerosmith)
    Stephen *Tallarico*
Tyner (Rob) – chanteur (MC5)
    Robert *Derminer*
Tzara (Tristan) – écrivain
    Samuel *Rosenstock*

Uccello (Paolo) - peintre
    Paolo *di Dono di Paolo*
Uffie - chanteuse
    Anna Catherine *Hartle*
Ultra Violet – actrice
    Isabelle *Collin-Dufresne*
Urales (Federico) – écrivain
    Joan *Montseny i Carret*
U-Roy - DJ
    Ewart *Beckford*
Usher – chanteur
    Usher *Raymond* IV
Ustinov (Peter) – acteur
    Peter Alexander *Von Ustinov*

Vadim (Roger) – cinéaste
    Roger *Plemmianikov*
Valade (Léon) - poète
    Paul-Valmir-Léon *Valade-Gabel*
Valens (Ritchie) - musicien
    Richard Steven *Valenzuela*
Valente (Dino) – musicien (Quicksilver Messenger Service)
    Chester *Williams*
Valentin-le-Désossé - danseur
    Edme Etienne Jules *Renaudin*
Valentino (Rudolf) – acteur
    Rodolfo Alfonzo Rafaello Pierre Filibert *Guglielmi di Valentina d'Antoguolla*
Valério – chanteur
    Patrick *Bougis*
Valerio – homme politique
    Walter *Audisio*
Valéry (François) - chanteur
    Jean-Louis *Mougeot*
Vallès (Jules) – écrivain
    Jules Louis *Vallez*
Valli – chanteuse
    Valli *Kligerman*
Valli (Alida) – actrice
    Alida Maria Laura *Von Altenburger*
Valli (Frankie) – chanteur
    Francesco Stephen *Castellucio*
Valois (Georges) – homme politique
    Alfred-Georges *Gressent*

Valorbe (François) – poète
> Ludovic-Régis-Henri-François *Hurault de Vibraye*

Valyère (Marie) – écrivaine
> Marie Pochet *Neveux*

Vampeta – footballeur
> Marcos André Batista *Santos*

Vampire de Düsseldorf (Le) - criminel
> Peter *Kürten*

Van Daële (Edmond) – acteur
> Edmond Jean Adolphe *Minckwitz*

Van Damme (Jean-Claude) – acteur
> Jean-Claude Camille François *Van Varenberg*

Van Doesburg (Théo) - peintre
> Christian Elmil Marie *Küpper*

Van Nistelrooy (Ruud) - footballeur
> Rutgerus Johannes Martinus *Van Nistelrooij*

Van Vliet (Don) – musicien (Captain Beefheart & The Magic Band)
> Donald Glen *Vliet*

Vandérem (Fernand) – auteur dramatique
> Fernand-Henri *Vanderheym*

Vanderlove (Anne) – chanteuse
> Anna *Van der Leeuw*

Vangelis - musicien
> Vangelis *Papathanassiou*

Vanian (Dave) – chanteur (The Damned)
> David *Letts*

Vanilla (Cherry) – chanteuse
> Kathryn *Dorritie*

Vanity - chanteuse
> Denise Katrina *Matthews*

Vanor (Jean) – collaborateur
> Jean *Van Ormelingen*

Vargas (Fred) – écrivain
> Frédérique *Audouin-Rouzeau*

Varin (Charles) – dramaturge
> Charles *Voirin*

Vartan (Sylvie) - chanteuse
> Sylvie *Vartanian*

Vasarely (Victor) – plasticien
> Gyözö *Vasarhely*

Vatel (François) – cuisinier du roi
    Fritz Karl *Watel*
Vauban – ingénieur
    Sébastien *Le Prestre*
Vautrin (Jean) – écrivain
    Jean *Herman*
Vauvenargues - écrivain
    Luc *de Clapiers*
Vaux (Clotilde de) – muse
    Marie *de Phicquelmont*
VDB (Thomas) – humoriste
    Thomas *Vanderberghe*
Vedder (Eddie) – chanteur (Pearl Jam)
    Edward Louis *Severse*
Védrines (Jules) – aviateur
    Jules Charles Toussaint *Védrine*
Vee (Bobby) – chanteur
    Robert Thomas *Velline*
Vega (Alan) – chanteur (Suicide)
    Boruch Alan *Bermowitz*
Veil (Simone) - femme politique
    Simone *Jacob*
Veillon (Astrid) – actrice
    Astrid *Veillon de La Garroulaye*
Ventura (Lino) - acteur
    Angiolino Giuseppe Pasquale *Ventura*
Vénus de Luxe – ingénieur du son
    François *Linon*
Vénus Hottentote (La) – personnalité historique
    Saartjie (Sawtche) *Baartman*
Verchuren (André) - musicien
    André *Verschueren*
Vercors – écrivain
    Jean *Bruller*
Verlaine (Tom) – musicien (Television)
    Thomas *Miller*
Vernes (Henri) – écrivain
    Charles *Dewisme*
Verneuil (Henri) – cinéaste
    Achod *Malakian*
Verneuil (Louis) – auteur dramatique
    Louis Jacques Marie *Collin du Bocage*
Vernon (Anne) – actrice
    Edith *Vignaud*

Véronèse – peintre
    Paolo *Caliari*
Véronique (& Davina) – animatrice télé
    Véronique *de Villèle*
Vertov (Dziga) - cinéaste
    Denis Arkadévitch *Kaufman*
Vianney – chanteur
    Vianney *Bureau*
Viard (Karin) – actrice
    Karine *Vallier*
Vicious (Sid) - musicien (Sex Pistols)
    John Simon *Ritchie*
Victor – maréchal
    Claude-Victor *Perrin*
Vierge (Daniel) – peintre
    Daniel *Urrabieta Ortiz y Vierge*
Vieux de la Montagne (Le) - religieux
    Rashid *Al-Din Sinan*
Vigilante – musicien (The Hives)
    Mikael *Carlstroem*
Vignon (Claude) – sculptrice
    Marie-Noémie *Cadiot*
Vigon – chanteur
    Abdelghafour *Mouhsine*
Vikernes (Varg) – musicien (Burzum)
    Kristian *Vikernes*
Vilard (Hervé) - chanteur
    René *Vilard*
Villa (Pancho) - révolutionnaire
    José Doroteo *Arango Arambula*
Villaplane (Alexandre) – footballeur et... collaborateur
    Alexandre *Villaplana*
Villard (Frank) – acteur
    François *Drouineau*
Villemessant (Hippolyte de) – patron de presse
    Jean Hippolyte Auguste *Cartier*
Villeneuve (Charles) - journaliste
    Charles *Leroy*
Villeret (Jacques) – acteur
    Mohammed *Boufroura*
Villers (Claude) – journaliste
    Claude *Marx*

Villon (François) – écrivain
François *de Montcorbier
(des Loges)*
Villon (Jacques) – peintre
Gaston *Duchamp*
Vincent (Gene) - chanteur
Vincent Eugene *Craddock*
Vincent (Rockin' Reggie) - musicien
Ronald *Vinson*
Vingtras (Jacques) – écrivain
Jules *Vallez*
Vincent (Vinnie) – musicien (The Hives)
Vincent *Cusano*
Vineuil (François) – critique de cinéma
Lucien *Rebatet*
Violaine – musicienne (Lili Drop)
Sylvie *Méoule*
Vitolo - footballeur
Victor *Machin*
Vitti (Monica) - actrice
Maria-Luisa *Ceccarelli*
Viva – actrice
Janet Susan Mary *Hoffmann*
Vivi – musicien (Trust)
Yves *Brusco*
Vivien (Renée) – poètesse
Pauline Mary *Tarn*
Vlady (Marina) – actrice
Marina *de Poliakoff-Baidaroff*
Voline - poète
Vsevolod Mikhaïlovitch *Eichenbaum*
Voltaire – écrivain
François-Marie *Arouët*
Von Manstein (Erich) - militaire
Fritz Erich Georg Eduard *Von Lewinski*
Von Paulus (Maréchal) - militaire
Friedrich *Paulus*
Von Salis (Meta) – écrivain
Barbara Margaretha *Von Salis-
Marschlins*
Von Sternberg (Josef) - cinéaste
Jonas *Sternberg*
Von Stroheim (Erich) - acteur
Erich Oswald *Stroheim*

Von Teese (Dita) – danseuse
Heather *Sweet*
Voulzy (Laurent) – chanteur
Lucien *Voulzy*

Wailer (Bunny) – chanteur (The Wailers)
    Neville O'Reilly *Livingstone*
Walken (Christopher) – acteur
    Ronald *Walken*
Walker (Scott) - chanteur
    Noël Scott *Engel*
Walker (T. Bone) - musicien
    Aaron Thibeaux *Walker*
Wallenstein - militaire
    Albert-Wenceslas Eusèbe *de Waldstein*
Walsh (Raoul) - cinéaste
    Albert *Walsh*
Walter (Général) – militaire
    Karol *Zwierczewski*
Wampas (Didier) – chanteur (Les Wampas)
    Didier *Chappedelaine*
Warhol (Andy) – peintre
    Andrew *Warhola*
Was (Don) – producteur de musique
    David *Weiss*
Washboard Sam - musicien
    Robert Clifford *Brown*
Waters (Muddy) - musicien
    Mc-Kinley *Morganfield*
Wavy Gravy – pacifiste
    Hugh *Romney*
Wayne (David) – acteur
    James Wayne *McMeekan*
Wayne (John) – acteur
    Marion Michael *Morrison*
Weaver (Sigourney) – actrice
    Susan Alexandra *Weaver*
Weegee – photographe
    Arthur Usher *Fellig*

Weissmuller (Johnny) – acteur
    Peter Janos *Weissmuller*
Welch (Raquel) – actrice
    Jo Raquel *Tejada*
Weller (Paul) – musicien (The Jam)
    John William *Weller*
Welles (Orson) - cinéaste
    George Orson *Welles*
Wellington (Duc de) - militaire
    Arthur *Wellesley*
Wells (Junior) - musicien
    Amos *Blackmore*
Wendy - musicien(ne)
    Walter *Carlos*
Westwood (Vivienne) - styliste
    Vivienne Isabel *Swine*
Wheatstraw (Peetie) – musicien
    William *Bunch*
White (Barry) – chanteur
    Barrence Eugene *Carter*
White (Bukka) - musicien
    Booker *White*
White (Jack) – musicien (The White Stripes)
    John Anthony *Gillis*
White (James) - musicien
    James *Siegfried*
Whites (Zara) – actrice porno
    Esther *Kooiman*
Whoarewe The Treeclimber – musicien (Gong)
    Rachid *Houari*
Wiesel (Elie) – écrivain
    Eliezer *Wiesel*
Wilde (Kim & Marty) - chanteurs
    Kimberley & Reginald Leonard *Smith*
Wilde (Oscar) – écrivain
    Oscar Fingal *O'Flahertie Wills Wilde*
Wilder (Billy) - cinéaste
    Samuel *Wilder*
Willem – dessinateur
    Bernhard Willem *Holtrop*
Willem (Christophe) - chanteur
    Christophe *Durier*
Williams (Guy) – acteur
    Armando Joseph *Catalano*

Williams (Hank) – musicien
    Hiram King *Williams*
Williams (Rozz) – chanteur (Christian Death)
    Roger Alan *Painter*
Williams (Tennessee) - écrivain
    Thomas Lanier *Tennessee*
Williamson I (Sonny Boy) - musicien
    John Lee Curtis *Williamson*
Williamson II (Sonny Boy) - musicien
    Aleck Rice *Miller*
Willis (Bruce) – acteur
    Walter *Willison*
Willy – écrivain
    Henry *Gauthier-Villars*
Wilson (B. J.) - musicien (Procol Harum)
    Barrie James *Wilson*
Winter (Ophélie) – chanteuse
    Ophélie *Kleerekoper*
Winters (Shelley) – actrice
    Shirley *Schrift*
Wolf (Peter) – chanteur (The J. Geils Band)
    Peter Walter *Blankfield*
Wonder (Stevie) - musicien
    Steveland Hardaway *Judkins Morris*
Woo (John) – cineaste
    Yusen *Wu*
Wooble (Jah) – musicien (P.I.L.)
    John *Wardle*
Wood (Natalie) – actrice
    Natalia Nikolaevna *Zakharenko*
Woodbine (Lord) – promoteur musical
    Harold Adolphus *Phillips*
Woodkid – musicien
    Yoann *Lemoine*
Woodlawn (Holly) – muse
    Haroldo Santiago *Franceschi Rodriguez Danhakl*
Woods (Tiger) – golfeur
    Eldrick *Woods*
Woolf (Virginia) – écrivain
    Virginia *Stephen*
Wrangel – militaire
    Piotr Nikolaïevitch *Wrangel*
Wray (Fay) – actrice
    Vina Fay *Wray*

Wray (Link) - musicien
    Frederic Lincoln *Wray*
Wreckless Eric – chanteur
    Eric *Goulden*
Würst (Conchita) – chanteuse(r)
    Thomas *Neuwirth*
Wurst (Conchita) – chanteur
    Thomas *Neuwirth*
Würzel - musicien (Motörhead)
    Michael *Burston*
Wyman (Bill) – musicien (Rolling Stones)
    William *Perks*
Wynette (Tammy) - chanteuse
    Wynette *Pugh*

X (Gina) – chanteuse
        Gina *Kikoïne*
X (Malcolm) – militant politique
        Malcolm *Little*
X (Michael) – militant des droits civiques
        Michael *de Freitas*
Xavi – footballeur
        Xavier *Hernandez Creus*

Yade (Rama) – femme politique
    Ramatoulaye *Yade-Zimet*
Yanne (Jean) – acteur
    Roger-Jean *Gouyé*
Yelle - chanteuse
    Julie *Budet*
Yeng Sary – homme politique
    Kim *Trang*
Yodelice - chanteur
    Maxime *Nucci*
York (Susannah) – actrice
    Susannah Yolande *Fletcher*
Youn (Michael) – humoriste
    Michael *Benayoun*
Young (Burt) – acteur
    Gerald Tommaso *de Louise*
Yourcenar (Marguerite) – écrivain
    Marguerite Antoinette Ghislaine
        Cleenewerck de Crayencour
Youssoupha – rappeur
    Youssoupha *Mabiki*
Youth – musicien (Killing Joke)
    Martin *Glover*
Yusuf (Bilal) – footballeur
    Frank *Ribery*

Zabou – actrice
    Isabelle *Breitman*
Zadora (Pia) - actrice
    Pia *Schipani*
Zahia – prostituée
    Zahia *Dehar*
Zamarilla – bandolero
    Cristobal *Ruiz Bermudez*
Zanini (Marcel) – musicien
    Marcel *Zannini*
Zappa (Dweezil) - musicien
    Ian Donald Calvin Euclid *Zappa*
Zappy Max – animateur radio
    Max *Doucet*
Zaraï (Rika) – chanteuse
    Rika *Gossman*
Zardi (Dominique) – acteur
    Emile Jean *Cohen-Zardi*
Zaz' - chanteuse
    Isabelle *Geffroy*
Zazie - chanteuse
    Isabelle Marie-Anne *de Truchis de Varennes*
Zazon - actrice
    Elisabeth *Castro*
Zdar – producteur musical
    Philippe *Cerboneschi*
Zep – dessinateur
    Philippe *Chappuis*
Zéro (Jimmy) – musicien (The Dead Boys)
    William *Wilder*

Zéro (Karl) – animateur télé
    Marc *Tellène*
Zéro (Martin) – producteur de musique
    Martin *Hannett*
Zeta-Jones (Catherine) – actrice
    Catherine *Jones*
Zévaès (Alexandre) – homme politique
    Alexandre *Bourson*
Zico – footballeur
    Arthur *Antunes Coimbra*
Zinc (Zip) – musicien (Métal Urbain)
    Jean-Pierre *Zinc*
Zinoviev – homme politique
    Grigori Ievseïevitch Radomylski *Apflebaum*
Zo d'Axa – militant libertaire
    Alphonse *Gallaud de La Pérouse*
Zog 1er – roi
    Ahmet Muhtar *Bej Zogolli*
Zombie (Rob) – chanteur
    Robert Bartleh *Cummings*
Zoot Horn Rollo – musicien (Cpt. Beefheart & The Magic Band)
    William *Harkelroad*
Zouc – humoriste
    Isabelle *Von Allmen*
Zouzo la Twisteuse – actrice
    Danièle *Ciarlet*
Zozo – mannequin
    Elisabeth *Larivière*
Zucchero – chanteur
    Adelmo *Fornacciari*
Zukie (Tapper) – musicien
    David *Sinclair*
Zylberstein (Elsa) – actrice
    Elsa Florence *Zylbersztejn*

Du même auteur

- « Paysages/Visages/Voyages : Un tour du monde en 100 photos »   (Ed. BoD - 2012)

- « Un air de famille - 500 célébrités qui se ressemblent » (Ed. BoD - 2012)

- « Le Père-Lachaise, un cimetière bien vivant » (Ed. BoD - 2013)

- « Ils ont dit... »   (Ed. BoD - 2013)

- « Aphorismes, paradoxes et autres billevesées » (Ed. BoD - 2014)

- « Sentences sans queue ni tête (La beauté du non-sens) » (Ed. BoD - 2014)

- « Dictionnaire de la guerre civile espagnole et de ses prémices 1930-1939 »   (Ed. BoD - 2015)

- « Absurdomanies... »   (Ed. Bookelis - 2015)

- « Les fins mots de la fin »   (Ed. BoD - 2016)

- « Villages de France »   (Ed. Bookelis - 2016)

- « Aphorismes, paradoxes et autres calembredaines » (Ed. Bookelis - 2017)

- « Last words, last words... out ! » (Ed. Bookelis - 2017)

- « Gargouilles et marmousets dans la sculpture médiévale » (Ed. Bookelis - 2018)

- « Mon Paris insolite »   (Ed. BoD - 2018)

- « Apprenez l'anglais entre faux-amis »   (Ed. BoD - 2019)

- « 2019 : une année de hasards exquis et de cadavres objectifs »   (Ed. BoD - 2019)

MiguelSydRuiz – Février 2020 (1ère édition : Mars 2013)
www.miguelsydruiz.jimdo.com

MiguelSydRuiz – Février 2020 (1ère édition : Mars 2013)
www.miguelsydruiz.jimdo.com

MiguelSydRuiz – Février 2020 (1ère édition : Mars 2013)
www.miguelsydruiz.jimdo.com